明蜀王文集五種

（三）

胡開全 主編

巴蜀書社

惠園睿製集

〔明〕朱申鑿撰　紅葉山文庫藏

明弘治十四年刊本　十二卷

惠園睿製集

一之二

共四冊

惠園睿製集序

我
惠考睿製詩文手澤攸存祕諸書府已九稔于茲矣近命儒臣裒次釐為十二卷蓋將

繡梓珍藏世為我後
賢後王於武且自
獻祖分藩于蜀七葉流
芳又安
宗祉類能抽思摛藻擅
我蜀

一王之製作故謬歸多書大夫士好古而歛求者啓請漫無虛日蓋家教師承惟書法為寶是故嗣位多傳雅之賢通國被文朝

之化
九重眷西土之光奕世拜
襃揚之典有由然哉
惠考性殊警敏經書子
史究極無遺講誦恒
至夜分殆忘寢食侍

臣恐過勞成疾必溫
辭遣之曰我好此圖
不勞也涵養幾二十
年其理明其氣充其
手大而捷或記序論
辯以之揚搉今古或

詩歌賛發以之陶寫性情感染筆而成章求須應如駕千里龍駒馳驟於四通八達之境自然疾徐中節左右具宜不俊提衡

舊祭之勞而有從容
自適之妙是非類出
天閑而羣空冀北者
乎蓋倍於尋常者相
百相萬矣
惠考猶刻意先賢書法

得臨池佳趣行草篆
隸四家殊清奇遒健
且錦官甲第聯雲煥
乎焯爍於高堂爛然
妙麗於簡冊多
睿翰之揮灑耳刻溢於

蠶叢達乎寰宇勅金
石而被弦歌固其宜
也大抵文藝未為不
工在
惠考誠為餘事觀其恪
遵

成憲景行
先哲親親而仁民輕財
而好施嗚呼其大原
大本眞可師法故旣
薨而謚曰
惠良足有據哉若之何

壽冊溯德每展閱是

集哀悼輟不自已嗚

呼

惠考無美而我稱之是

誣也有善而我弗知

是不明也知而弗傳

我國不仁也嘗聞三者君子之所恥也予不肖其思所以免之

弘治十四年歲次辛酉秋七月朔旦孝男

蜀王　謹序

惠園睿製集目録

卷之一

賦

五言古詩

歌行

松風亭　浣溪耕牧

南畝觀禾　松溪漁隱

林泉精舍　竹屋

月簾花影　琴堂政化

說劍圖　清晝爐薰

桃流軒　聽雨軒

讀書處　葵忠堂

海亭　蒲軒

黃堂清政　畫山水

漱玉亭　薛少保鶴

蘭雪軒　望雪山

讀劉靜修集　東軒夜坐

梅雪軒　水月樓

雪堂　勤政堂

松雪軒　冬至

忠義堂　竹鶴亭

耕讀軒　讀唐僧弘秀集

恭輓

憲宗皇帝　二章　南天竹杖和歸來先生韻

余失内助倏忽一周口占四十字情見乎辭時成化

丙午六月二十五日也

霜夜聞鍾　鑑清軒

卷之四

七言律

竹屋
椿諼堂
忠本堂
仁濟堂
恩養堂
思慕堂
宦途遊覽
義和堂
慈節堂
菊泉軒
問月軒
瑞竹堂
友山亭
思善堂
玩易軒
榮養堂
疑清軒
諸葛武侯廟
湧泉書舍
夢萱堂
養志堂
敬友堂

卷之五

七言律

虛室

雲寓軒

遯耕軒

雙桂軒

獨松軒

映雪軒

水竹居

秋素軒

涵清軒

静樂軒

澹然軒

静幽亭

慈訓堂

耕讀軒

散木軒

篷軒

默齋

烟霞深處

卧雲菴

退逸軒

鶴林書屋

石屏山房

卷之六

七言律

浣花烟雨　　墨池懷古

青羊宮十景

洪鍾開霽
大殿凌霄　　太乙西池
降生遺跡　　遇仙橋古
藥圃春風　　玉磬鏘音
九井靈泉　　瓊樓飛鶴
寶藏鳴鸞

題蒯氏八詠

攄忠報國　　行義榮官
廬暮思親　　施[illegible]周貧
撫訓孤姪　　雙橋利涉

和歸来先生七十三歲吟

春融堂　静寄軒

春芳亭　溪山小隱圖

清軒　悠然亭

東軒對雨　東白軒

池草亭　敬愛堂

春風亭　揷花吟

高逸亭　清趣軒

老松恠栢圖　水木居

山雨樓　味菜軒

思孝堂　望雲思親

卷之七

七言律

宜晚軒

白鷗軒

雲半閒為僧題

巖壑深居

子昂松石脩篁圖

海山秋色圖

思政堂

木芙蓉

蜀城秋望

八月十六夜月

清心亭

仙洞栖雲

高士軒

氷玉堂

拙齋

退齋

方塘書舍

詠風亭

紀夢

慶老堂

秋雲

艮齋

卷之八

絶句

卷之九

序

記

卷之十

雜著

卷之十一

銘

祭文

惠園睿製目録終

惠園睿製文集卷之一

賦

思賢賦

觀古盛時求賢輔治無遺失於荒野乃晋登於廟堂喜圭璋之美器須股肱之俊良此元愷之佐舜粤皐陶而輔唐用鹽梅而成治非羆熊虎而開疆人文宣而昭著海宇治而安康闡嘉言於隱奥咸一一以孔彰惟德業以黼黻在帷幄以賛襄成雍雍熙和之化垂凜凜不易之綱居今朗以復古俾吾道之輝光得賢才之俊乂拔茅茹而來彙如饑之得食如渴之得漿盖訪求之不遇多隱跡而深藏嘆歲月之云邁使余心之遑遑吾所以展轉反側於寤寐而不能忘

懷忠堂賦

立天地之兩間兮慕千古之英風此人臣之大節兮務克己而自充揭忠以示志兮恒拳拳不忘於衷必能求盡厥職兮惟仁義而相從無家而有國兮乃盡力而鞠躬無私己而從正無苟欺而廢公使民各得其生遂遇事必窮其變通輔國家期成治化在左右尚克彌縫効勤勞而寧有既膺福澤必至無窮貫金石之堅確與日月而明同佐宋高兮武穆扶昭烈兮卧龍誠以師而以効既見始而見終使懷忠之堂不爲虛示行將垂大節於宇宙之中

聽琴軒賦

伏羲製器始爲琴兮五音清濁相宣暢兮大絃小絃相君臣

兮和平純雅正人心兮趣含太古而不凡兮靜中有動動有靜兮掃除邪穢復古淡兮養其性情存吾真兮風清月白滕間横兮蕉尾龍池蛇蚹紋兮寒泉泠泠指下生兮梅花片落別鶴鳴兮秋風入松幽哉清兮注玉壺冰瀉湘水兮鈎玄至妙探其賾兮悠遠清越萬籟沉兮樂在吾心心手應兮伯牙不詖亦何滯兮子期尚在何必聽兮衆人難知自獨知兮琴兮琴兮孰使聽兮音韻之外誰能辨兮超於鴻濛天地先兮有聲之調本自無其聲兮若曰無絃何似更無琴兮

此君軒賦

惟碧筠之蕭森兮遶軒居而獨清予猷愛之而呼爲君兮因歷歲寒而不變更固節操而能挺挺兮性勁直而堅貞窸葉

青青而扶疎兮如玉立之亭亭宜乎春之毓生兮雷雨畢來玳瑁迸出兮參差不齊綠雲沉沉而匝地兮移榻近乎清陰色侵酒斝與茶甌兮乃得坐此茂林竹之宜於夏也天風蕭蕭兮天籟鳴白露冷冷兮秋月明竹之宜於秋也至於冬也萬木凍折之際竹獨聳高枝於雲霄兮凜然孤高而堅剛塵土不雜而清淡兮愈老而愈蒼愛其中心虛兮能應物外幹直兮志不屈虐雪饕霜兮恥隨俗暇則載詠東坡綠筠之句而無塵俗之態重歌武公淇澳之詩而有盛德之吟能全君子之志操又何古而何今

秋菊賦

惟無射之律應兮又當蕭瑟之時猶有花而獨茂兮萬木搖

落而雖披備黃中之正色兮乃金氣之所爲烟抹雨沐於冷淡兮爾獨耐乎風霜不與衆卉而同伍兮傑然出類而芬芳翠葉敷榮而不凋兮香幽遠而難蔵或面赤而醉流霞兮或質素而如瓊纍然有以類黑兮又殊品而雜呈飲水而能益其壽算兮飡根苗而可以制乎頹齡載籍於本草兮已著乎於離騷之經淵明曾植於東籬兮而今種於東軒之東雖時代之所異兮因所愛之有同持晩節之堅操兮實能不改其容採黃花於衣袖兮乃徜徉於畦逕之中不覺清露之濕裳兮羞盈盈之豐歸釀之以成嘉醞兮尚可以忘憂喜盤飣之供饌兮不可一日而不勸酌味真味之淡泊兮蹄掌難與之同儔乃盤桓而不能舍去延自怡自悅而自愉叶也又從而

歌曰秋花兮出塵能冒寒兮不競於春操愈勁兮德愈眞有
正人君子之行兮非一草一木可與比倫

靜虛齋賦

伊心學之相承兮其開端而實自元公程子於是乎親受兮
得傳夫心學之宗惟能靜而寂然兮乃無欲而渾融虛明洞
徹而無不實兮不使一毫私意繫之於心胷浮雲散而淸明
兮無遮蔽於太空止水澄而瀅潔兮無塵垢之蔽蒙能應
事物於動兮有感而有通動中之有靜兮此天理流行之無
窮靜中有主而虛兮其純一而至公五行之交布兮總太極
之含容人之參天地而爲三兮具此理之備於厥躬聖賢著
之於簡編兮見省察而有操存之功獨一字足以該之兮在

持敬以自充不圖靜虛以名其齋兮真跡力踐而能定之於中此乃可與造化流行原其始而反其終也

正心齋賦

粤上帝之降衷兮其稟受之皆純乃統攝於心兮而孰曰不仁惟形氣之所役兮乃戕賊其天真恒不放而固守兮必使其常存不為外物之所誘兮豈汩沒之於私不流蕩之於耳目兮無倏忽而奔馳當戒謹而恐懼兮又慎獨之於斯必窒塞其私兮乃閑邪之與防微操持之所以正兮惟有以主之廓然而太公兮虛靈而真誠具衆理而應萬事兮本體而神明如鑑空而洞徹兮如止水而澄清姚姒授受於先兮精一相傳周程纘緒於後兮靜寄微言心學至此而闡明兮實萬

世傳心之淵源

冬寒賦

積陰既盛氣冽嚴威乃太昊之歛閉當顓帝之施為雖一氣之不可並萬物以之而衰微于此之時揚威極力怒奮振揮肅寒霜而地裂憀洞天而雲垂白日斂而陰晦疾風勁而沙石追隨乃於此時祝融收藏赤帝潛退金烏滅沒火龍無熠羲馭以之而避輪熒惑以之而失位驅陽和之暖氣有凜冽而深畏海波止而不沸火井冷而堅冰炎州於是乎凍扶桑于是乎凝人當此時嚴肅難勝至若崑山積玉西塞陰昏地苦寒而極盛雪堆積而塡門風悲鳴而侵肉衣單夾而不溫枕戈帶甲冒雨衝風膚裂鱗甲指墮血紅北戍兵苦邊地之

寒而向此凛凛之隆冬也又如貧者無衣饑者無食以夜達
旦妻啼子泣刀鎌肌骨冷浸胷臆痛苦爲甚若何而息嘗聞
之矣陰極而盡陽始而生陰陽迭往此理分明雖無寒〻之盛
而不致於和煖尚有否之極而可使泰之亨元氣以之而撓
回頑陰以之而退舍子方衣純綿之裘坐氍毹之氈閉其室
順其序而亦聽命於天也

諸葛廟賦

惟世命之傾否兮嗟炎祚之潛移伊竊權持柄兮實當於此
時老瞞罪之滔天兮挾天子而專所爲方天下之傾動兮生
民之所戕夷哲人之隱晦而嘉遯兮貴出處之合宜非劉豫
州之英杰兮誰識南陽之卧龍不屈駕而三顧兮豈便出草

廬之中如魚水之相投兮情洽而心同仲大義於天下兮必
能恢復漢高之宗獻謀畫策於帝室之胄兮乃一世之豪雄
行天討而戡殘賊兮效勞而竭忠勇鬼蜮而滅絶兮使族類而
盡空取巴蜀而連吳越兮定三分鼎峙之功比征曹魏之師
旅兮嚴肅而用甲兵君才十倍曹丕兮機淵深而賢能木牛
流馬之運動兮而亦莫測其神明屯駐於渭濱之上兮無擾
奪而雜耕遺仲達巾幗之服兮尚不敢與之戰爭老天之不
昌漢室兮何星隕於前營仲達生走而退避兮死尚心疑而
懼驚雖不能興帝業以遂其志兮尚恒著忠貞之大名天若
假之以年兮舊都必復而功必成功業不可以成敗論兮日
旻苦短而不可以長伊傅乃與之同儔兮奇才獨超乎漢唐

實三代以下一人兮如景星之與鳳凰蜀人思而廟祀兮有古栢之蒼蒼觀出師之二表兮言懇懇而精詳使人之悲感不已而加嘆兮不覺涕泗之浪浪想高風大德而日盛兮天地其量而日月同光也

五言古詩

崇節堂

居處天地間還須持大節侍養攄孝誠報荅盡忠烈曾參志無違龍逢情最切千載若斯人當世眞豪杰

節婦卷

良人與世違零丁有孤子機杼縫衣裳蘋蘩供祭祀不動山下石無瀾井中水斷鼻示其信栢舟誓以死大節凛清風賢

名垂信史

淵明歸去圖

辭官去彭澤放棹歸潯陽松菊今喜存不教三徑荒怡情酒盈樽消憂琴一張籬下有秋色采采金花黃霜重存晚節風細吹寒香詩成句平淡醉中真意長高卧北窗間自謂同羲皇

葵藿軒

軒楣扁葵藿寸心相與同正當九夏時傾陽見精忠參差葉尤翠深淺萼愈紅赤心尚存義衛廷能有功堅守臣子節有始仍有終

思誠齋

天道本自然無妄而真實人情汩於欲擇善宜固執此心為物誘操守貴精一勉強在孜孜工夫須汲汲雲卷席徹時青天見白日由賢以及聖有始還有卒

靜學齋

心學學孔曽所主在乎靜常欲去人慾惟要復天性不動亦不馳涵養恒在定持守貴存存把捉事於敬對越上帝時赫然有明命止水湛澄清明鏡自光瑩千載諸葛公希賢復希聖

率性齋

道原出於天貴自率其性所事無妄行心獨得乎正須臾不暫離隱微常靜定戒慎恐懼時尤能存畏敬天理本自然萬

物自相應深體默識之當希顏與孟

藏書閣

經傳盡收藏盈廚仍滿笥揷架多牙籤高情同李泌道義味無窮遺言傳萬世

蘭雪軒

曄曄先春蘭紛紛暮冬雪寒堆翠葉長冷覆紫芽茁明河朗銀花長空飄玉屑月臨秀質奇風動清芬泄高士軒窓幽二者俱清潔

德壽堂

積善貴存德必見增眉壽所行在人為所獲自天祐鶴髮喜滿顛以致春秋富名重東海于行著燕山竇階下茁芝蘭子

孫愈神秀能存愛物心餘慶叉華冑

桑榆暮景

時已到桑榆遲遲延晚景高年等鶴齡灰心入蕪境霜華兩鬢生餘光如倒影萬事不經心淡然自清靜借力或倚節薄衣尤怯冷無拘亦無束自醉還自醒

時習齋

明善在復初為學貴時習天理須自存人欲當自克萬事欲貫通一心要紬繹勉勉復循循孜孜還汲汲但期業有成莫教駒過隙有樂夜不眠發奮晝忘食能充百倍工積久入聖域

德政堂

正己可正人為政當以德行道合人心心在先自得至靜能制動沛然施惠澤有意慕臯夔立志希稷契忠信出於天子民自来格

圍爐自述

夜永宜圍爐不惜添烏銀熾然生活火一任飛玉塵豈知寒入户惟言和如春匪欲勢烈烈但愛常溫溫清泉烹細茗一甌能爽神坐久自沉思凍餒憂斯民

水亭垂釣圖

小亭下臨水幽人居釣臺釣絲百尺長輕颸清風来江澄白如練時復青於苔魚肥酒尤美落落襟懷開一聲欸乃歌對此誠悠哉

野航軒

燕私有小軒楹題書野航其廣狹而隘其袤深而長書畫置其中欄檻列兩傍偃休還坐立對此如江鄉居航出航外大道莫可量

種學齋

良農之治田何別肥瘠土君子之種學孜孜在勤苦荒蕪恒剪除經書常訓詁焚膏以繼晷百倍力須努大道仰周公聖學尊尼父用之被生民遠近德斯溥

直內齋

敬以直其內日時恒自守兢兢在斂收翼翼戒奔走私意防如城慎言要緘口皮之仍幕之洗濯絕塵垢一心貴中正外

物不牽誘直上達天德不勞窺戶牖

復齋

羣陰積已極一陽今始生消長自然理元氣常流行信矣動而順君子道之亨所往既無咎剛明應有朋卓哉顏氏子克已存此誠不遠自能反拳拳而服膺動見天地心周流機不停

醉經堂

潛心味六經味經心自醉訓詁去糟粕淵源得精粹理同天地參而與聖賢對孔孟及周程遺言更深邃欲常屏於外敬在存諸內一本而萬殊理事俱融會

草心堂

con堂奉慈母意在酬親恩一心同寸草生意皆含春芊芊漸
滋茂煖氣回孤根人子志於是冬夏時凊溫昊天廣無極報
德詩亦云賢哉孟東野名言今尚存

經訓齋

耕田用菑畬爲學在經訓白晝莫蹉跎青年當發憤詩史貴
研磨典墳宜討論簡編常卷舒工夫要精進何事多文章只
須富學問致用作公卿天下馳聲聞

綉綵堂

衣綉與衣綵臣子心則同弄雛在膝下冠豸趨朝中鮮明披
曉月斕斑帶春風事親旣能孝事君當盡忠身居肅政臺聲
聞齊華嵩

自警齋

默體道之源寸心常乾乾存養苟能正須臾常不偏時時貴
收斂默默惟靜專加勉去人欲不雜全吾天惟一惟精寔遵
慕先聖言一貫仰曾子四勿推顏淵顏曾去已遠何人得此
傳

退軒

君子德尚謙高軒故名退出則常徐行居則甘下位無小將
以生不貴將以貴欲智示其愚養明須用晦急流若水徒歸
以子居華能知道之體洒然無所累

金水觀魚

閒立金水傍魚行水天碧穿藻與斷蘋往來遊不息輕拋白

玉梭頻擲黄金尺圉圉洋洋爲魚樂余心懌莊惠在濠梁何論今與昔

觀奕圖

二叟手談棊着外勞神機鬪智爭勝負决贏見施爲安危繫於此動静亦在兹項羽鴻溝虜沛公入關時消長吉凶理静觀宜細推

古松流水圖

松古歷歲年直氣天所亭江水晝夜流滔滔去不静利物盖有源育材固其本風生戯羅紋露重落金粉參天尚亭亭出谷常混混何人寫作圖若斯足堪隱

上巳

一春景和暢脩禊臨水濱柳絲風淡蕩杏花天氣新芳草凝碧色晴波搖縠紋蘭亭集羣賢杜陵吟麗人風光三月三不惜開酒樽

貞烈堂

良人今已去誓死志清潔流水若哀情滔滔無斷絕至堅不可磨至白寧受涅岩下一身投帷中雙目決凛然女丈夫千古安可得

華山圖

西嶽千仞高半空積寒翠中有希夷翁長年足高睡避世出紅塵不羨朱門貴雲鶴常往來林泉得潛退悠悠與道俱仰天誠不愧

子卿歸漢圖

中郎使單于一身居朔漠若地終不降丹心似葵藿北海牧羝羊如石更堅確卧起持漢節節毛盡皆落李陵胡背主降虜受王爵臣子論大義此輩誠不若幽縶十九年還朝無愧作賜封關内侯圖像凌烟閣

採薇圖

偉哉賢夷齊守義心如石商紂隳紀綱由此天命革周道日已興叩馬諫西伯天下今已定遁跡首陽側採薇已充腹不食周粟粒千古仰清風致使懦夫立

箕山圖

許子志高潔遁跡箕山陬堯以天下讓不應堯之求栖遲有

其樂甘心無所憂人忽遺一瓢得以飲清流懸樹惡有聲棄擲更不收高名齊日月萬年春又秋

板築圖

高宗夢良弼得之傅岩曲繪圖以相求偶見躬板築作相以輔德朝夕多啓沃尒作羹中鹽尒為酒中麴舟楫濟河川霖雨物生育聖由從諫后正則從繩木終始典于學開心盡忠告遜志脩厥躬天下蒙其福

濠梁觀魚圖

莊惠在濠上同游足相羊来往見鯈魚水鏡凝清光揚耆而奮鬐鬣亂流而成行或行碧波上或向翠荇傍游泳常圉圉適情得洋洋我知魚之樂非子莫可量循本反其初吾汝俱兩

忘

蘭亭觴詠圖

時當永和年山陰集羣賢三月景和暢列坐曲水邊波面有杯酒隨流來吾前寫懷有詩律喧耳無管絃形骸從放浪自得應快然一視古猶今羲之有名言

三顧草廬圖

高卧在南陽抱膝吟梁父三顧草廬中籌策傾肺腑鼎峙欲三分恢復舊疆土天生上佐才屯兵且用武鞠躬盡其力嘔血心獨苦大節效忠貞名言誠有補

垂綸圖

生涯在江上往來一小舟垂釣落素波移棹隨清流霜天明

月夜蓼花蘆葉秋得魚便沽酒一醉萬事休

友古齋

人生千載下志學上友古經傳乃遺言研窮心獨苦河洛出圖書吾道在鄒魯神交意自投賢哲可爲伍欲與古人同得精去其粗有志淑諸人斯文誠有補

一心堂

心一久同處敦睦重天倫所行無異志所處恒相親欲衣同織絍謀食俱耕耘弟兄盡所愛父子全其恩陋彼鬩墻者反嗤渤谿人愈久而愈翕雍雍一家春

默庵

大道本淵默生遂由玄天高宗靜思道夢叟紙以言神鑒自

同徹涵蓄如沉淵守一常閒寂聒耳徒啾喧刋落繁枝葉精究於本原充積心自開道妙知有傳

同愛堂

人子事二親同愛當如一志在悅親顔盡孝竭其力執玉如弗勝捧盈恐將失禦寒厚衣衾供飡具飲食奉持自相親周旋情最密於此盡厥心方能効其職藹然孝友義風可化鄉邑

寳貞堂

衆人寳珠玉所寳在貞潔築堂奉母慈節義昭潛德守身無愧怍如水之清洌存心無所慕如玉之不涅左右悅親顔歡養禮無缺白髮喜康寧惟期年耄耋

厚本堂

子之本乎親猶木本於根爲木能庇蔭爲子當思恩動靜循禮度敬慎惟謹身雕鏤卑文藻簡質從朴淳源源知有自叙秩崇彝倫

宇定軒

一心本澄瑩太宇恒自定不爲外物牽洞然常寂靜此理白昭明天光自相映不失惟存中所養得其正無私渾若鏡物来而順應有敬以持之事事從天命

復初堂

一心具衆理明命賦在予於中無欠缺渾然五性俱萬事無不應昭昭自靈虛人胡爲欲蔽皆由氣禀拘昏暗不能明世

人亦何愚克加鞭辟功三徑要剪除本體自清明乃克復厥初

安止堂

身安心自安於斯得所止止善而不遷一定純乎理理性本昭昭太空絕塵滓室虛白易生方池湛秋水表裏自能全卓然無所倚孔氏有遺書相傳得曾子

秋祀

孟秋日在戊報祀禮宜厚凉夜露氣清輝煌列星宿肅肅心致慎執事位皆就醴酒三獻陳音樂迭相奏意誠神自格錫福荷神祐載歌燎瘞餘耿光照前後

東方半明

東方已半明殘月在雲表早起正衣冠默坐應思道耿耿漢低微隱隱星稀少待旦慕周公紀官憶少昊事業在研磨經史貴探討須用勤苦心青春易為老三唱聽晨鷄紅輪將杲杲

日苦短

秋日苦何短秋夜何其長時當白露零月令當金商朝輝纔東升忽西流餘光繼晷焚膏油但恐事業荒階下蟋蟀鳴風入高堂涼

落葉

空山秋葉落飄零西復東翩翩驚滿地辭柯墜殘紅蕭疎夕陽裏散亂淒風中但聽敲澀鳴不覺轉首空明春二三月葉

陰依舊濃

庭梧

青青庭前梧老榦直且朴依稀翠葉圓月臨影清薄獨秀近階墀涼陰護簾箔雖不耐風霜尤能棲鸑鷟所以為世用良材宜切斵為琴薦郊廟正聲成雅樂

心遠軒

高軒晒心遠意在尊古轍志期舜與顏孜孜學聖哲去欲復其理久則心洞澈高廣體天地昭明同日月我愛陶淵明結廬事孤潔而不混世途逺千載亦豪杰

直義齋

心乃制其事利當合乎宜入神自精妙不失動靜機浩然氣

充足持養更不移軻翁昔在宋有處寧肯辭文山在大元順命奚爲悲貴在能果斷識得是與非坦然無滯塞何慮更何思

素位軒

君子之所居而不出其位隨寓得其安竟不慕乎外或處於貧賤或在於富貴無入不自得俯仰又何愧寸心不崩騫所守專於內萬物自融通理貴與心會能在規矩中若高身不累

知樂齋

人在知此道所知貴乎樂不被物欲牽自然有所獲日夕當自強體胖心廣廓獨鶴青天游鯈魚碧川躍不有顏之好難

見孔子卓無體亦無方沉潛聖賢學

圭齋

齋小常閒寂齋扁著圭璧心內恒敬畏手中平自執不說成王戲曾納大禹錫有玷還可磨有景亦能測兢兢尤恐失體此須正直王公立於朝恭慎辭安國

思學齋

求心思所學所得在力行研窮不怠惰方見賢聖情道理當玩味所知益粹精孜孜復汲汲貫通理自明皎然照秋月渙然釋春氷不有賢之思難及聖之誠

古鏡

千年一古鏡塵蒙質如墨點點生土花都是莓苔色用力苦

研磨不使至昏黑皎然一旦明瑩徹如秋月照人正鬚眉觸物自明白光采燭天地本體何曾滅

歲寒亭

亭前何所有青松有蒼栢千尺凌雲霄特立自端直歲暮葉不凋四時同一色老榦經雪霜雅操不變易君子臨利害乃知清苦節治世不異人衆人固不識

靈烏

靈烏復靈烏栖息託佳樹何事戀孤巢翩翩不飛去告訴聲啞啞晝夜哀音吐生育賴母慈未能盡反哺烏能知母恩人胡不效慕

直齋

高齋名稱直為人貴卓立存心須正端處事無偏倚弦勁不同鈎蓬生亦非棘史魚克如矢孟軻不枉尺苟能慕前修可成君子德

歌行

五王醉歸圖

華蕚樓中春晝長明皇友愛同諸王同行同坐同讌樂醉飲流霞傾玉觴金昆玉友情懷好共被忌形豈知曉五龍矯矯騰康莊豈料睽違不終老讀書本欲致太平慾心一縱乖始生調轉霓裳羽衣曲君王惟愛聽新聲一朝漁陽動鼙鼓可歎君王不神武鑾輿翻向西南行妖血竟濺馬嵬土

天台圖

劉阮採藥同入山天台之景非人間碧桃花下遇仙子相迎洞府俱歡顏淹留半載樂其樂服御惟慢皆纓絡衆真慶會飯胡麻調髙都是仙家樂彼時二人思故鄉仙子相送斟瓊漿子子孫孫已七代再来不知前路荒世人謾信荒唐說桃源虛幻從何得天台之景誰馮圖水自無聲山有色

子陵釣臺圖

赤符在手戍中興干戈要令天下平先生髙節不肯仕一絲垂釣清風輕須不為臣客輔佐龍樓相見即同卧道談故舊情相忘致使客星侵帝座掉頭仍隱富春山此身終老雲松間先生名留在天地山前流水聲潺潺

蘭桂軒

孤潔秋蘭婆娑桂猗猗亭亭歷寒歲紫芽叢生山谷間連蜷老幹葉蒼翠敷榮茁秀庭前王雅然不語抱幽獨天風有時散天香輕輕滿地惟金粟謾說小山慾招隱曾紉秋佩入騷品何勞作賦擬淮南仰止風平盡忠謹

牧溪虎圖

雄威震怒何縱橫妥尾咆哮羣獸驚文采炳蔚爪牙利負嵎氣勢誰能攖一聲長嘯若雷吼萬壑千岩風自生長鬚如戟尤猛烈直視耽耽夾鏡明畫史壯形有如此體物逼真意最精見之彷彿不敢近於菟安有來高庭

淵明歸去圖

淵明平生知大節肯為斗米腰便折一朝解印歸田園高風

凛凛真豪杰夏天高卧北窓凉悠然真趣同羲皇蕭散無拘得真樂不具徽絃琴一張停雲靄靄因懷友策杖游行時簪首江州刺史有高情嘗遣白衣人送酒南山對坐開胸襟欵菊采采垂黄金東籬見此霜下傑一片惟存鉄石心安於道義見能定忍耻不能從二姓寄形天地乘化機用舍無疑聽天命

惠園睿製文集卷之一

惠園睿製詩集卷之二

五言律

葵陽堂

花吐冠羣芳遲遲白晝長平生能衛足一點只傾陽風動錦袍影露滋檀蕊香忠勤能事主華扁揭高堂

草亭

虛亭草荏苒一色映簾青風動緑袍亂雨滋翠帶縈瀟溪存道妙靈運有詩情萬里乾坤闊風光入座清

雲山亭

雲山幽靜地亭外趣無窮聚散影重疊高低陰淡濃翠嵐浮几席素練拂簾櫳安得范寬筆寫來圖畫中

松雲書屋

山雲最深處書室近松林翠盖午亭影白衣秋布陰天開隨鶴伴風動恊龍吟巢結匡廬頂謫仙同此心

琴鶴軒

心同趙閱道琴鶴扁高軒三尺音回古九臯聲戾天舞風張雪羽和月瀉冰絃化蜀廉名在今賢儗昔賢

槐雲軒

槐密若雲屯軒居遠離塵影清時縹緲陰厚晝氤氳四色常凝座二株今在門晉公陰德厚奕葉子仍孫

錦城別意

送別錦官城行行路幾程鐙浮賢聖酒鴿叶短長亭瑞日添

行色光風梟去旌一鞭人淅遠千里若爲情

瑞榴

五月留春色庭榴自不同花開金作蘂葉展翠成叢帶露珊瑚紫當陽瑪瑙紅煌煌晴照眼生意出天工

泉石山房

山房得地靈泉石結深盟堅璞知從古澄泓常自清穿雲聲瀝瀝類玉色康庚避俗安居此高天遺世情

荷亭避暑

三伏避炎蒸池荷映小亭輕盈花正白濃淡葉尤青可畏蒼天日因思玉井冰清香通鼻觀風動晚涼生

竹石軒

白石倚蒼玉軒窻景最幽班班苔蘚合冉冉霧雲稠高士於
斯卧賢人在此遊千竿生嶰谷一片出青川

看竹

不可居無竹排雲青更深饕霜存直節敞日有虛心龍待水
中化鸞從風外吟眼中觀不足涼思滌煩襟

雲林書屋

書舍傍雲林林幽俗不侵飛空拖素影蔭几有清陰材大堪
為棟功成定作霖啓窻觀典籍義理最精深

松鶴軒

老鶴傍松林碧雲窻户深千年天寵壽一片歲寒心羽潔衣
如雪花輕粉墮金盤桓頻撫處驚露聽長吟

草堂

幽然稱野居春意發生初可比少陵宅還同諸葛廬嫩青浮座軟交翠入簾虛長日無餘事惟觀一卷書

御書樓

天語布恩光高樓敬寶藏滿廚存玉札盈几盡天章日麗文詞古風生翰墨香潛心恭讀處恍若面虞唐

松風亭

亭敞六窗虛蒼髯拂座隅千峯如送雨　曲似吹竽耳順聲何止心閑韻有餘山中陶處士聽處足懽娛

浣溪耕牧

築舍浣溪上春來牧且耕披簑雲外卧荷鋤雨中行適興每

橫笛陶情常帶經年豐無不足皷腹樂昇平

南畒觀禾

一上南城望嘉禾盡發生田疇常易耨雨露正滋榮影亂香塋碧色新窰葉青待看當八月處處慶秋成

松溪漁隱

松溪托隱名溪畔搆軒楹湍急寒鳴玉林虛冷奏笙水浮孤棹遠風颭一絲輕沽酒得魚處高歌適性情

林泉精舍

路入白雲深林泉俗不侵翠鸞森茂竹素練掛遥岑泒逐千江遠凉生萬木陰坦然多意趣方稱養高心

竹屋

構屋竹林中蕭然景不同翠陰侵枕簟清影透簾櫳作史每
栽簹鳴韶自截筩高人存晚節居此得從容

月簾花影

月夜正當空簾前花影紅當階常疊疊印地更重重零亂殊
珠箔交加映綺櫳送來非是日收拾不因風

琴堂政化

一官之百里清潔化斯民草偃知風教春和見政仁吏鄒皆
尚禮黎庶盡知文子賤千餘載鳴琴有後人

說劍圖

趙王惟好劍莊子善談論不取曼胡客常輕突鬢人強豪須
偃武忠勝要從文禮義為鐔鍔四夷都順君

清晝爐薰

獨坐心如洗閑燒百和烟餘馥分芸納奇味試龍涎日永明窻下風清淨几前天君宜敬事一脉自悠然

枕流軒

穿枕寒流高人意最優浪翻千頃月波浸一天秋酒醒笛聲遠夢回琴韻悠清閑誰是伴來往有沙鷗

聽雨軒

入夜甚分明虛軒爽籟生蕭蕭敲竹韻簌簌打蓬聲枕上詩難就更闌夢不成蘇窻同聽處一段孔懷情

讀書處

篤學心無倦觀書兩目明風簷常考索雪案自研精通貫天

人理採求賢聖情夜深猶不寐惟對一燈青

葵忠堂

愛葵情獨至牓種滿堦墀勵志傾陽處承恩冐雨時中黄花雅淡深翠葉糝差貴罷人爭羡愛君心不移

海亭

空虛亭翼然僻近海東邊一脉潛行地千濤逮蹴天乾坤分上下日月自周旋夜靜風濤息心安得穩眠

蒲軒

靈草置軒亭清同水石盟露滋惟獨秀風送有餘馨九節從教瘦四時常自青靈均今已矣何不著騷經

黄堂清政

奉命得專城民謡有政聲無私霜鏡白有識玉壺明蕩蕩仁風播悠悠德化行潁川留冦老賢守可齊名

畫山水

十日與五日偶成山水圖月涵波瑩潔烟鎖樹糢糊遠近濃還淡微茫有若無天機精絶處展玩在庭隅

漱玉亭

一道落遥岑轉來山澗深遠㲉鳴夜磬遺響弄秋琴漸瀝清塵耳琮琤洗渴心窻虚當六月雪點濺衣襟

薛少保鶴

一幅少保鶴眞意出青田春赴瑶池宴秋過赤壁船林泉隨飲啄霄漢任翩躚墨妙[illegible]難及堪宜百世傳

蘭雪軒

軒庭蘭正芳雪壓翠茗長素質呈天瑞清風散國香紫莖生冷艷丹穎育寒光歲暮回春意援琴不必傷

望雪山

登樓纔一望雪嶺出雲霄萬仞鎮常在千年積不消參差多樹木潔白盡瓊瑶在我封疆內危然獨此高

養心齋

拳拳常不離純一在操持堅守能中直常存不外馳淸明神定處融貫欲消時誠立明通日無忘只在玆

雲石亭

高亭崙雲石亭敞景幽然漠漠銀千片庚庚玉一拳巉岩臨

榻畔靉靆拂簷前出岫從龍去常存志補天

臨清軒

為愛清溪好闢軒且對之千尋青翡翠一色碧琉璃水氣侵樽酒波光映竹籬閑中無　物惟有和陶詩

問月軒

為問青天月更深倚静軒既能知照耀何得有虧圓玉宇誰為主瓊樓誰使然誰人同此趣惟有李天仙

梧月軒

梧樹擁軒楹月来分外清高枝金鳳宿疎葉玉蟾鳴秋影偏光耀春花自發榮中郎今已矣誰復繼芳聲

雲小樓

雲連百尺樓樓外遠山幽麓捲午陰合簷虛春色浮天高看
兩霽峰出見嵐妝盡日倚闌處風光入兩眸

來鶴亭

孤鶴挺清標飛飛不憚勞無心應可愛有意却難招獨舞玄
裳動高鳴玉雪飄雲霄皆舊路上下任逍遙

光霽軒

風動月生時憑軒只自怡吹噓能有養照鑒迥無私遠遠來
平地明明印小池濂溪圖內看真意自家知

東宮千秋

千秋逢令節惟頌萬斯年南極光前現東朝壽愈延杯浮瓊
液酒香藹玉爐烟北望瞻金闕遐齡視舜天

德星堂

星彩爛長天巴川即穎川太丘纔命駕曾叔便開筵瑞影金珠燦祥光玉彈圓果然臺史奏百里聚英賢

梧鳳軒

庭擁碧梧高時容鳳鳥巢數章成古木五色有奇毛金井影當夜虞廷韻協韶覽輝能瑞世萬里獨遊翺

柳溪漁隱

密柳拂清溪漁人可隱棲波間香餌落水面嫩條齊躍鯉衝淬過疏鶯隔樹啼酒酣高臥穩亦任日沉西

夜窗聽雨

秋雨打窗鳴蕭蕭到五更淋漓醒醉夢淅瀝動詩情聒耳林

中韻驚心葉上聲一燈青的的獨坐待天明

東樓對月

月出禁樓東清輝萬里同光芒雲母帳影布水晶宮雲散開
金鑑輪圓碾碧空夜深寒氣重烱烱照青瞳

雲松巢

雲嶺構書巢喬松百尺高半崖飄素練五夜振洪濤礙日張
青蓋參天挺碧梢廬山君太白千古仰詩豪

蘆林鴈集

岸畔蘆花白蘆林有鴈藏江鄉千里雪水國一天霜照月應
同色隨風不作行蕭然清淡景八月好秋光

淨几篆烟

爐烟百和成裊裊一絲輕腦麝知多品沉檀有異名薰肆春晝永院静午風清事我天君處微微自有馨

秋江晚釣圖

獨釣秋江上盈眸晚趣多倚風吹短笛和月掛長簑衰柳依回岸浮鷗逐逝波醉時閑適意欸乃一聲歌

玉和軒

比德於君子光輝櫝内藏精純堪作佩溫粹可為璋外質常含潤中心自有剛沽之須待價美譽頌循良

楓林晚照

楓樹滿前川疎林落照邊餘輝能熀燿殘影向遲延錯認二春景翻疑二月天吳江霜染後蜀錦色猶鮮

西雪樓

崑雪映長空朝来爽氣通三冬常集聚九夏不消融玉疊二千尺瓊臺幾萬重捲簾頻倚柱泠艷透欞櫳

薛稷雙鶴圖

林下寄幽情苔堦自在行倚風常並立警露或交鳴存養成丹頂蹁躚舞雪翎畫師稱薛稷筆意宛如生

卧雲樓

高眠百尺樓心被白雲留孤枕頻成夢一毫俱不憂身安從坦坦鼻息任齁齁最愛希夷子華山常閉眸

息齋鈎勒竹

能為竹傳神蕭踈逈逼真寫来冰節勁染出墨華新疑有聲

敲玉寧撫影拂雲自忘齋名尚在不復見斯人

中秋月

雲收夜未央對月愛流光豈有金蟾影應無玉兎藏十分清似水一片白如霜太白情豪放吟哦醉羽觴

十六夜月

更靜尚忘眠金盤在碧天是知今夜缺難比昨宵圓兎魄光新減冰輪影不全嬋娟如欲滿應只到明年

所翁龍

軒昂自有神五綵見奇文寫出飛騰勢圖成隱見身捲波昇巨海噓氣作浮雲濟旱為霖雨能令萬物春

園亭

園中春色濃日涉得從容雨意抽青韭露華滋白菘賦歸稱
靖節獨樂有温公代謝花開落從教春又冬

孝友堂

孝友扁高堂遲遲歲月長萱庭祈壽考椿府願安康鴻鴈每
成序芝蘭常並芳一門敦古道百世自蕃昌

環翠樓

高樓塵不入窓外好山横遠近烟光冷微茫山氣清眉攅如
黛黑綠頭出似螺青倚檻看無厭何當快一登

怳親堂

雙壽得歡娛高堂每過趨怡顏承彩服適意弄烏雛羨饌常
盈俎香醪正滿壺一家篤孝義有樂更無虞

友愛堂

一門好弟昆尚禮篤天倫迂叟稱家父東坡呼卯君談倫常共坐旦夕每相親歡樂生和氣融融都是春

菊軒

數枝秋菊綻軒館正相宜含露金鈿小經霜紫玉肥離邊如瑪瑙叢裏勝胭脂吟醉淵明樂千年獨係思

蘆林霜月

沉沉秋夜深霜月照蘆林一大都是色兩岸却無陰太素心應化清寒思不禁遠聞漁笛響不覺發長吟

中正堂

中正有齋心如水鑑明便便多切直侃侃只公平事主同

無忘立朝如魏徵能堅松栢操百代著榮名

歲寒亭

松柏擁庭前風霜幾百年葉香鸞鳳宿枝老薜蘿懸凜凜孤標立蒼蒼晚節堅養成梁棟器天下正需賢

雲溪精舍

白雲映碧溪一榻足幽栖蕩漾羅文縐飛揚練影底琴書因兩潤竹樹帶烟生清絶人稀到柴門無馬蹄

菊泉丹房

佳菊泛甘泉沉痾盡得痊一泓含玉液幾朶綴金錢飲處能除疾飡來得引年濟生功宏大清譽儗蘇仙

活水軒

活水遠幽軒方塘一鏡圓清流來浩浩正派出涓涓有源豈無本無窮自有源渾然天理在相對欲忘言

萬玉亭

萬箇竹蕭森幽亭俗不侵拂簷蒼霧合滿地碧雲深已長琅玕節先抽玳瑁簪清風時一至移榻就凉陰

長江萬里圖

萬里去悠悠長江谿兩畔雪消巴水出月湧漢江流浩渺極寬處彌漫不盡頭壯圖風景好都付錦囊收

萬松亭

老幹千千樹亭虛可退潛婆娑聳翠蓋纖細若龍髯吟愛老蘇直種誇張毅聽清音能洗耳坐聽尚無厭

少陵草堂

溪上一茅堂常思粉署郎忠君心一寸愛國句千章壁古屯蒼蘚墻低出翠篁自言同稷契致主似虞唐

思親堂

悠悠獨繫思膝下久相違彷彿聞言笑依稀見表儀未忘調膳日猶記問安時罔極恩難報傷心兩淚垂

蘭蕙聯芳

兄弟同歡處怡怡歷歲華同生如棣蕚並秀勝荊花細細含金蕋猗猗茁紫芽天倫真有樂和氣自盈家

奉萱堂

樹萱臨北堂慈母壽延長根固茖深翠花攢瓜淡黃承顏供

玉饌適意捧霞觴戲彩春風裏怡愉樂未央

味經軒

篤學貴孜孜潛心口下惟毛詩言篤厚義易理精微苦志言
頻誦忘眠夜熟思默默觀道妙真意自家知

秋聲閣

屋角轉商聲呼號正二更波濤寒浙瀝金鐵冷鏦錚雅稱讀
書士渾如赴敵兵呼童出門望惟有月華明

讀朱文公詩

珎重紫陽翁言言理性中寓情多造妙適意不求工篤厚音
王化温柔振國風子昂陳子後感興意皆同

甘棠遺愛

花封賢令尹遺愛爲無私清白皆知汝公廉更有誰來初施德惠去後繫懷思萬口咸稱道屋民爲立碑

養浩齋

流行氣浩然善養志精專充塞當存已操持可事天形聲難以驗言語豈能傳本體無虧缺惟推孟氏賢

正心齋

天理混融春纖毫不受塵肯容輕出入只要固操存主一時時在無參日日新虛靈常不昧端肅事天君

幽篁古木圖

槎牙歷四時勁直正相依常爲風霜逼曾蒙雨露滋蕭踈無容葉摧折有枯枝松雪子昂後能圖更有誰

梅竹雙清

梅竹遶軒栽清幽絶點埃猗猗清影動馥馥暗香來直幹鋪青翠芳姿傍玉臺閑来無事日吟咏好懐開

挹清軒

遶檻水澄清長波靜不驚無塵寒瑩潔徹底合空明代罷十尋遠天光一望平搁來還自飲淡淡快吾情

雪山樵者圖

冒雪入山阿衝寒執斧柯肯辭穿路遠不覺覆巢窩伐木丁響擔薪浩浩歌一生隨分過不樂又如何

漪石亭

庚庚蒼古石漪草日相親嫩蘖含清露孤根帶白雲虎鬚應

離俗地骨自無塵端肖如佳士時時作主賓

書畫舫

搆屋小如舟圖書伴坐眠月青留幾軸珠玉有千篇凝日江山影開心賢聖言誰能知此樂米芾在吾前

卧龍圖

養德耕南畝常爲梁父吟驅馳應許國畫策便開心先主煩三顧羌夷被七禽功名蓋天下祀事到于今

桂林書舍

結屋桂林下秋花獨自芳簷前低月影雲外散天香蠹簡常披閱鼇簪在審詳高枝能到手大用上岩廊

啖蔗菴

老圃蕉香甘讀書還着菴若飴心自愛勝簽口宜含漸老逢佳境忻醒資美談川西有高品何必說扶南

子陵釣臺

先生來富春一宿便辭君不肯為朝佐寧甘作隱淪綸竿臨野水磯石護閑雲景寂人何在蘆林帶夕曛

浣溪草堂

浣水近城南百花浮碧潭杜陵曾結屋嚴武為停驂翠竹陰平布紅渠影倒涵仍看餘境在寂寂亦何堪

琴書樂處

今書真有樂樂處自怡然諧曉宮商調潛通賢聖言音浮回太古心定合先天妙趣高尤遠千年道可傳

黄州竹樓圖

勝地竹如椽樓成集衆賢遠看雲夢接近與月波連雪落韻敲玉雨來聲迸泉後人能嗣葺可至百餘年

芝軒

軒前產瑞芝曄曄正芳時香散春風度光凝曉露滋玉莖能益壽紫葡可充飢一歲呈三秀相看足自怡

讀劉静修集

道學繼朱程前元獨善鳴篇篇隨意出句句自天成能破鬼神膽都爲金石聲一從周孔後天下致和平

東軒夜坐

静夜端然坐閑將物理推心存天自合身與道相隨應有雲

間月豈無窻外梅更深猶不昧玉漏莫相催

梅雪軒

六出兼五出梅花帶雪花清寒冰有瑩潔白玉無瑕愛和靖
仙句閑烹學士茶歲殘餘好景收拾在儒家

水月樓

月映水心樓江涵一色秋平分玄兎影倒合碧波流窻戶通
天白乾坤徹夜浮凭欄身欲動目極興悠悠

雪堂

天氣積陰凝高堂徧雪名繽紛瓊屑細散亂玉花輕屏帳開
雲母簾櫳映水晶冰壺光瑩徹表裏自通明

勤政堂

勤政推賢尹琴堂德化宣便便心自正蕩蕩志無偏多士皆知學三農盡力田明年應考績補内看喬遷

松雪軒

天寒雪覆松挺秀傲隆冬青蓋轉銀蓋蒼龍變玉龍孫高擢出地撩亂密飛空趙宋子昂後齋居名亦同

冬至

閼將物理推六琯動葭灰七日始來復一陽今又回人觀天上雪誰信地中雷何處得春意一枝窗外梅

忠義堂

為臣希大賢忠義古無前志操堅如石心腸直似弦天祥全大節賈誼進危言身後名猶在班班信史傳

竹鶴亭

萬玉擁孤亭常留一鶴鳴日臨三徑影風度九臯聲晴拂青
鸞尾寒梳白雪翎往來無俗客談笑有良朋

耕讀軒

南畝日躬耕西窻暮讀經一犂常用力數卷足怡情莘野留
伊尹南陽卧孔明處時應守志用則有簪纓

讀唐僧弘秀集

常搜冲淡句不計幾春秋飄逸惟齊己清新有貫休但知能
造妙亦任說難求詩法同禪道乾坤萬古留

恭輓

憲宗皇帝　二章

望　闕哭吾　君繼旻日慘昏龍輿閒白晝宮扇掩紅塵善
政存天下仁恩遍海濱嗣　皇承大統繼續百千春
龍飛方二紀忽返白雲鄉凡土皆悲愴千官盡傷　皇風應
邁宋　帝德更超唐臣派同　宗室潸然淚兩行

南天竹杖和歸来先生韻

德充因有壽竹杖稱龐眉来往長相伴周還每自持圓堅無
可比光潤實為奇直內平生事神仝見所願

余失内助倏忽一周口占四十字情見乎辭時成化
丙午六月二十五日也

憶爾侍吾　母丁今轉痛思温恭循禮度動止肅威儀助內
多仁德持身廣孝慈蒼天誠感格有子續邦基

霜夜聞鍾

永夜遞疎鍾霜天音最洪也知能觸物況復可銘功瀏亮驚秋後凄凉入夢中世人能警省于此破昏蒙

鑑清軒二

一軒臨碧水風定不生波湘浦漁翁棹滄浪孺子歌澄瑩天倒浸湛湛鏡新磨受此明心處無塵白鍊拖

碧波亭

亭外一泓水乾坤日夜浮天光通戶牖浪影空簾鉤寒浸二更月凉生八月秋無塵幽靜處沙際見眠鷗

五言排律

壽梁兵馬善七袠

七旬古稀有清世際昇平菊月逢初度佳辰慶老成顏紅非酒暈髮白若絲生烱烱精神爽融融器宇清怡情常快樂不杖自康寧几上翻經卷燈前禮梵經嚴翁堪並美麗老可同盟已悟無生理早知最上乘周貧存志溥濟衆帑囊傾積善由來遠居官總不矜鄉閭能敬愛戚里更推誠宴集西池宴星輝南極星壺天明日月壽域儗岡陵客獻南飛内人稱上壽觥盤中堆玉屑碗內飯黃精五福應駢至千祥遠自迎蟠桃三結實莊木幾番榮海屋年年集仙鄉歲歲登雲礽傳永世福祿愈彌增耄耋齊松算春秋等鶴齡

惠園睿製文集卷之二

惠園睿製集

三之六

惠園睿製詩集卷之三

七言律

讀易

虛心讀易志精研動靜周流出自然變化已分消長理顯微方見後先天發揮都在有爻處黙識當求未畫前三十六宮春意足無爻無體更何言

永思堂為訓導孫傑題

蓼莪詩廢豈勝哀憂在雙眉鬱未開笑語從容常在耳容儀儼雅獨傷懷百年有恨纏風木千古懸情隔夜臺瞻望幾回登岵屺仙踪斷絕不重來

浴沂軒

本心瑩徹絕無塵人欲遮蒙未得純洗濯時時當去垢滌除日日要從新其汚已去能明德舊染全消自潔身舍點之狂今得矣曠然一段見天真

恒齋

人心方始合於天時止時行聽自然來往春秋從改易照臨日月任周旋聖人在道皆成化君子於方不變遷為學能知常久意工夫不已貴乾乾

雲山飛錫

翩然一錫徧諸方經歷雲山道路長覓誌取泉穿佛地隱峯問道振師床五天度處風聲冷十剎行來月色涼遊覽歸來知定止跏趺終日坐禪房

孝友聯芳

堂上嚴慈壽介眉膝前昆弟樂怡怡同斟豈酒承顏處並立
鷄窓問寢時儀度森森如玉樹半神韡韡勝瓊芝孜孜行義
入難及為誦南垓孝子詩

華居遺愛

甲第經營在里仁美哉奐矣美哉輪穹廬自是革除舊廣厦
從今鼎取新既採楩楠成此室必容車馬大其門先人積德
流餘慶百世相傳及子孫

野亭池島

水自渟渟山自幽就中疑是小瀛洲峥嶸數尺常孤秀清徹
一泓平不流遠樹帶烟晴亦雨微波浮月冷涵秋鶴汀凫渚

縈迴處可以閒觀可以遊

思慕堂

霜風一夜殞靈椿堂北萱摧倍愴神怕飲酒杯應有澤忍看書几又生塵儀容常在羹墻見謦咳如從旦夕聞孝養久違情不盡終天抱恨未能伸

賓鶴軒

萬松林下一軒開仙鶴如賓稱我懷聲度琴臺舒白羽影隨詩徑啄蒼苔謫仙放處應須返蘇老招時不肯來氣味相投心莫逆飛鳴常日共徘徊

處敬齋

把捉精神定不移自家方寸豈容私臨淵恐恐常憂懼執玉

兢兢在捧持收斂操存爲主宰端莊靜一肅威儀月高雲淨天涵水是我虛窓主敬時

尋樂齋

問程心以道相傳尋樂工夫不盡言飲水曲肱知孔聖一簞陋巷識顔淵私情淨盡爐融雪天理流行水在川自得詠歸曾點趣光風霽月浩無邊

槐陰書舍

槐根盤固近儒林經史堆窓日討尋花細淡黃含嫩色葉繁新綠布涼陰南柯入夢隨行蟻斷簡怡情見落蟫一理貫通千古事此時方得聖賢心

松檜軒

軒前松檜翠蕫蕫節操堅貞並傲冬雪雹㞹心同鐵石風生靈籟響笙鏞昂霄老榦巢孤鶴帶月枯枝走瘦龍養得歲寒情事在掄材上棟太明宫

終慕堂

孤兒遺恨抱終天永訣靈椿久背萱怵惕心情傷雨露淺深口澤感栝棬文王問寢應無日舜帝號旻已有年五十氣衰猶想念孝親如爾可稱賢

雙壽堂

嚴慈雙壽樂無疆身在蓬壺日月長椿樹庭前常不老萱花堂北有餘芳孟軻失怙心增感閔損牽車意不忘孝養無偏供子職一家具慶豈非常

思本堂

宗祖傳来幾百年嚴慈恩德大如天枝繁厚土培根帶派遠長江見水源終日不忘情切切常時想念意惓惓不虧不辱全純孝名譽應稱問世賢

東吳鈕宗介以文學事吾藩獻祖賜秀孝之名伯祖世子及華陽崇寧與王祖和園王父定園各賜手教與詩其孫駿捧所藏卷来請題余肅讀先生睿製奉章昭回雲漢崇褒之意至矣是以知先生勸講之誠心先王尚賢之盛心也撫卷興感因書一律以續卷末云

親藩白首老窮經獻祖親書秀孝名早歲忠勤承寵渥累朝

眷注被恩榮珠璣萬斛從胸出錦綉千章筆底生睿藻崇褒
光照世儒林弥重德尤馨

四景圖

爾家清景浩無邊四序歡娛樂事全浩蕩春風垂岸柳照明
夏日映池蓮籬東醉酒陶元亮谷口尋詩孟浩然人與風光
共流轉賞心適意過年年

慕親堂

違養雙親歲月深昊天罔極痛難禁明明遺簡猶藏袖歷歷
嘉言只在心座上依稀瞻面目門前彷彿聽聲音夢回孤枕
停思處不覺紛紛淚濕襟

葵陽軒

一軒開近日華東軒外葵花勝錦紅翠萼色濃滋曉露檀心香細吐薰風芳鮮自有傾陽意向背能成衛足功臣子堅貞能愛國朝朝相對竭精忠

竹軒

蕭森萬箇玉成林翠色凝寒一徑深能傲風霜存晚操只因今古抱虛心午時欄畔來清影終日簷前報好音會見裁筒成大用舜庭爭聽鳳鸞吟

積翠軒

深沉軒館遠塵埃翠色冥濛晝不開水漾鴨頭浮綠去山堆螺髻送青來茅簷虛直森松檜石徑縈紆護薜苔好客相過談笑處晴嵐飛影入吾杯

桂軒

軒外婆娑緑玉叢花開惟愛狀元紅銀河影落三更月碧漢香吹八月風常使身臨金粟藏只留心在蕊珠宮一枝到手成名日秉笏能全輔相功

望雲思親

山前竚立望孤雲只見孤雲不見親目送涼陰常寄寄情隨飛影更紛紛異鄉未得酬烏鳥故國空違繪錦鱗能慕梁公思奉養好留名譽遠傳聞

忠節堂

沙漠曾施汗馬勞當時衆口説英豪疾風勁草精誠徤烈日嚴霜柏意氣高鄧禹有名垂竹帛蘇州立志守旌旄畫堂大廟

書忠節指日應知受寵褒

雪意軒

六花欲墜小軒前連日陰陰意慘然鄭綮灞橋將策蹇予猷剡水欲乘舡千林黯淡彤雲地萬里模糊水墨天三白已知呈吉兆有期歌頌慶豐年

得月軒

軒舘無塵近水湄更初得月愛清輝遠移素影來潘室倒吸寒光入李杯皎皎冰輪常自滿明明金鑑不曾虧倚欄幾度閑懷抱程子同心賦詠歸

友梅軒

踈梅與我有深盟玉骨冰姿氣味清有約東君來坐榻每勞

驛使過軒楹吟詩推讓林和靖作賦延留宋廣平終日徘徊常不離歲寒同保舊交情

具慶堂

二親同老尚康強奉事今開具慶堂荀氏八龍能並駕竇家五桂喜聯芳承顔日用三牲養上壽時稱九醖觴父母無憂兄弟樂一門和氣藹春陽

古梅軒

隆冬開放得春陽萬木凋枯獨自芳老幹差牙經歲月疎花的皪飽風霜冷香浮動風生座瘦影横斜月在窓何事千年根本固堅貞為有鉄心腸

松筠軒

修竹千竿松一林小軒不許一塵侵天風時至生清籟晴日繞過展綠陰偃蹇常森氷雪幹扶踈獨抱歲寒心良材定見為時用自是恩沾雨露深

梧鳳軒

高梧軒外翠成林孤鳳翩翩異衆禽五色錦雲明彩羽一庭寶月布凉陰口中啣出天邊詔囊底收藏爨下琴才大應知成大用來儀舜殿恊韶音

少陵祠

千年祠宇近南城詩法淵源仰少陵貞粹氣盈天地合從橫句險鬼神驚溪烟漠漠連空碧潭水澄澄見底清在世許身同稷契千今忠義有高名

怡雲軒

山外開軒多白雲與伊相近復相親半間凉影常爲侶一榻秋陰許共分翼鳳九天應靏靄從龍萬里任紛紛華陽真逸陶弘景自悦那堪持贈君

和歸来叟新居雪夜

紛紛密雪積陰成對雪哦詩骨亦清六出滿空銀色爛平鋪大地月華明常思李愬成功日莫忘梁王授簡情風捲玉花能破臘誰知春意此中生

和歸来叟七十一歲詩韻

神完體健似青年所欲從心動合天理學淵源如正叔草書遒勁逼張顛延長壽筭誰居上浩瀚文辭孰過前老去盤旋

隨所寓歸来亭子接渠田

辛丑元夕

元夕華燈滿蜀城月光如晝喜開晴賞心蓮炬當街燦照眼
鰲山徹夜明烈熖煌煌千樹火餘輝耿耿一天星宮壼且莫
催更漏處處笙歌樂太平

齋宮夜坐

坐久忘眠聽遠鐘屛開雪色映簾櫳滌除只欲吾心淨涵養
須教夜氣充賢聖千言能照鑒古今一理自融通斯文宗主
周夫子洒落光風霽月中

國醫卷題良醫任傑

上醫醫國慕軒岐新構華堂扁國醫玉札用時能愈疾青囊

到處觧扶危于今得禄官西蜀早歲傳方飲上池惠及邦人
無夭札皆登壽域樂熙熙

鏡堂

蔵来青鏡號容城寶匣開時可鑑形何事塵埃雖點汚只因
今古自通明誰知玉暈從中有亦任朱班向背生本體團圓
含萬象不同秋月有虧盈

耕隱

栖身茅屋兩三間雖設柴門夜不關隴上穿雲牽犢去田中
戴月荷鋤還大賢求志居莘野先聖思親在歷山醉後笑歌
深有樂五更無夢到朝班

杏林清趣

董僊種杏已成林用藥恒存濟物心破緑纔知花似錦傳黃將見子垂金丹砂數粒陰功厚紅雪一枝春意深能起疲癃躋壽域黎民從此絶呻吟

望雲思親

遊宦經年不得歸片雲入望是庭闈有時變化如銀盖鎮日悠揚類白衣只為心中常切切那堪天外故飛飛欲公去後人難繼純孝于今更有誰

西蜀宦遊

萬里西川事宦遊無邊風景豁雙眸今存諸葛千年井舊有張儀百尺樓錦水浪花晴湧雪峩嵋山月冷涵秋探奇覽勝歸來日又復觀光上帝州

竹林深處

萬竿緑竹大如椽竹下新開一小軒影密但知雲繞屋陰濃不見日行天琅玕隱映迷淇澳翡翠參差集渭川時有賓朋相過訪琴樽常日共盤旋

永思堂

痛念嚴君與世違寸心默默只存思依稀出户聞聲處恍惚升堂見面時天遠傷情寧有盡水長牽恨更無期白頭幸有慈親在日暮倚門常望歸

挹秀軒

八荒寬廣敞軒楹秀色當軒分外清入夜星河明景象逢春草木見精英千尋遠水鳴頭緑數點高峯螺髻青獨坐小窗

舒兩目無邊意趣快人情

海月軒

軒居海上月華侵幾度憑闌發浩吟秋夜吐光增客思青天倒影空人心汪汪有量容川谷皎皎無虧照古今兩目靜觀深莫測金輪東出又西沉

橘林清趣

綠橘林中敞小軒上醫負趣繼蘇仙枝頭色淡瓊英細葉底香清蠟彈圓淮水雨凉除痼疾洞庭霜冷益高年青囊到處陰功厚定有高名萬古傳

雙峯軒

碧峯對立高軒外崒嵂翻疑萬木低玉笋不須分小大羅浮

正愛列東西光聯五夜非孤劒勢聳三秋若兩圭肖次能同
仁者量璧間為爾一留題

琴松軒

百尺長松三尺琴盤桓容與足開襟影張午日青銅盖曲奏
春風白雪吟直幹良材為國用宣情道德正人心淵明弘景
知斯意同樂由來無古今

葵軒

蜀葵一點只傾陽耿耿檀心夏正芳浥露黃金花茂盛倚風
翠玉葉敷長道裝仙態晴移影錦萼丹華暗有香抱負精忠
懷魏闕好攄方寸侍君王

梧竹軒

高梧密竹正蒼蒼翠竇桐柯引鳳凰三徑聲敲風力健滿庭影薄月華涼虛心直節生淇澳老榦良材産嶧陽美酒一樽琴一曲終朝林下足徜徉

芝蘭軒

芝蘭茂盛並叢生幽質芳姿一樣清紫蓋日臨常曄曄翠莖露沐正青青胎香異種来商嶺鍾秀奇花長謝庭但使兒孫皆玉立本枝百世著芳名

光霽堂

新構虛堂幽静地無邊霽月帶光風明明秋宇非沉際蕩蕩春天長養中皓皃如霜生弱柳清聲快雨到高桐胷襟洒落無知己惟有濂溪意味同

賓月軒

一輪皎月出秋旻軒外相親月是賓照燭席間蒙刮目徘徊花底得隨身舉盃待久寧為主入户尋来正可人吾汝相忘同物化瑩然一色夜無雲

忠孝堂

平生勵志存忠孝盡孝攄忠理一同愉色婉容能敬養揮戈仗劔樹勳功遺羨考叔心猶切善戰延昭氣益雄臣子既能全節義褒書定下大明宮

雪窩

雪作吟窩勝雪堂幽人於此足深蔵水晶映几渾無影柳絮穿簾只欠香蘇老清吟何畏冷袁公高卧亦從僵呼童取水

烹春茗意味清新逈異常

松月軒

高松不老月長生松月軒中可寓情五夜雲開来兎影三秋風起撼濤聲寒光皎皎穿簾白蒼色亭亭偃盖青物與人心同一致榛能勁直理通明

借鶴亭

假来孤鶴得相親暫與徘徊在客身獨舞豈能終日見長鳴且喜片時聞強留在舍應思主正恐還家又惱人竚立風前情戀戀明朝更隔幾重雲

氷壺軒

高軒名扁揭氷壺一色虛圓夜月孤心上昭明隨處見胷中

渣滓本来無古今洞徹迎風爽表裏澄淸有露濡子美淸吟在人耳理同前後自相符

樂閒窩

退歸今喜樂淸閑世事紛紛總不關掛却朝冠仍鮮組得尋野水又看山不登曉日金鑾殿難遇春風玉筍班童稚喧門樽有酒從容無日不開顔

樂壽軒

椿萱無恙壽年高亦任星星見二毛晋室紫微侍火棗漢庭方朔獻蟠桃龐眉皓首超凡骨孺色童顔拔俗標身在壺天長不老春秋惟願等松喬

思親堂

冥濛雲氣暗椿庭兩目紛紛涕泪零入夢分明如見面撫膺哀痛欲吞聲昊天罔極常遺恨逝水無窮不盡情玉秘青山狐兎走松楸翁鬱是佳城

同愛堂

昆弟同居養二親寸心恒欲報恩勤奉歡玉斝斟香醞上壽氷盤薦錦鱗就養無妨隨左右問安不離在晨昏終身孝敬如曾閔自有芳名遠近聞

慈親堂

薦孝無違奉北堂一心寸草報春陽遇冬憂冷身温被愛日承歡手捧觴慈竹根盤常並影叢萱花吐遠生香斷機和膽恩難報今日成名豈敢忘

清慶堂

爾家積善得安寧和順由来百事成春夏多孫宜習禮秋冬有子可傳經竹梅瀟逕堪游詠車馬過門懶送迎山色水光常在目四時有樂得輸情

求益軒

求益軒中會友朋相接膠漆見深情往年立雪親師席今日同窓講聖經只為交游先合志那知爾汝已忘形汪汪清淡渾如水責善功多賴有成

安老堂

老去康強六十過齒雖未老鬢先皤心閑已不居朝市身退應當隱薜蘿增壽須飡玄鹿脯放懷聊和紫芝歌優游正值

弗愉景不樂而今又若何

周子

先生一起獨超前教闡儒宗學有淵太極一圖明至理通言數卷是微言池蓮庭草生生意霽月光風浩浩天道妙有誰能接續源源伊洛是真傳

程伯子

質性天成氣體充大明斯道啓群蒙精純類玉心無雜變化如龍德正中受學濂溪開霽月詠歸曾點御和風窮神知化推先覺統緒相傳與弟同

程叔子

工夫不雜得真純名重年高德愈尊自有嘉言承往聖能將

正道覺斯民弘深博古通今學雅徤經 天緯地文易理發明
親作傳仰觀俯察見彌綸

張橫渠

早作西方儒者師講明易理坐臯比誠通金石應無偽學貫
天人自有為氣質剛方如孟子性情嚴察似程顥文章宗祖
西銘筆原道何煩說退之

邵子

無形無迹貴無名自在詩成出性情樓在空中堪遠望車從
花外任徐行品題只欲如三代教誨尤能用六經學究天人
知物理行窩處處樂昇平

朱子

家世相承住考亭早年受學李延平聲名高大森喬嶽文采光輝麗景星潔靜精微書易義溫柔敦厚傳詩經道參天地知元化當與諸儒集大成

張南軒

統緒來從洙泗得性情正大理淵深早年自著希顏錄老歲人知學孔心藩屏出臨諳武畧經筵入侍吐綸音紫陽夫子應同道論荅微言照古今

陶淵明

自比羲皇已上人孤高耻作宋家臣涉園自喜常成趣爲米安能便屈身有樂捘林同倦鳥無心出岫若飛雲了知乘化以歸盡先作生前自祭文

張子房

帷幄之中善運籌能招四皓為安劉一心佐漢已成業五世祖韓因報仇兵法先從黃石授仙丹後託赤松遊知機辟穀全身去可信蕭韓不是儔

韓子

論道當時第一人昭然雲漢手親分心參天地能排佛表述唐虞儗致君筆底雄才超八代胸中正氣奪三軍荔蕉於饗千年祀古廟荒涼草自春

韓信

全勝功多善將兵夷公三族可憐生飛禽已盡良弓棄穴兔俱空走狗烹詎肯說言聽蒯徹反遭詭計用陳平紫陽自有

春秋筆忠義高名照汗青

杜少陵

避亂川西搆草堂干戈滿目最悽凉只留詩史千年在白有文光萬丈長名重謫仙才並駕兒看嚴武醉依床可傷寒骨沉秋水惟有空墳葬耒陽

李太白

被詔當年覲帝朝天然氣質擅詩豪承恩累上黃金殿醉酒常披宮錦袍倚馬成文留海宇忘情捉月入江濤子微相見稱仙骨瑞世翩翩彩鳳毛

蘇東坡

眉山一代宋英豪梗直精忠歎未遭不得朝中為宰輔却來

江上侶漁樵文章浩浩波瀾湧氣勢堂堂泰華高赤壁泛舟
明月夜仙遊物外任逍遥

諸葛孔明

早年肥遯在隆中頻顧方能起卧龍據地三分施上策傾心
兩表見精忠也知管樂行藏別便與伊周出處同星殞前營
誠可歎莫言當日未成功

感興十二首

生知聖聖久相傳心以明心出自然恭已舜皇能盡道執中
堯帝有名言禹湯為國功尤大文武承家理不偏禮樂詩書
開治化後先行事合乎天
聖學淵源出孔門相傳統緒得斯人森嚴孟氏能行義絶粹

顏生解問仁道載中庸明率性理言大學在修身千年又有
濂溪出一脉斯文萬古存
嚴師以正養童蒙勤敏終成作聖功愛父敬兄知孝友事君
弟長要恭忠修治家國心先正讀誦詩書德自崇十五便當
游太學皎然事理盡融通
古之學者貴修身明德尤當日日新誠意正心先克己致知
格物在治人恩全父子闡斯道義重君臣謹大倫曾子相承
夫子教訓垂後世有遺文
二氣由來不暫停渾然一理自生生五行運動無差忒四序
推遷有變更奇耦剛柔能應物屈伸來往自流形中含至道
元無息昇降尋常在八紘

乾道精純乃統天含弘光大賛坤元順柔牝馬能行地剛健
飛龍或在田萬事紛紜多變化四時来往任推遷羲文周孔
遺經在傳義開明有二賢
俯看厚地仰觀天形氣相依理自然生氣不停全動静成形
一定有方圓循環日月知寛大振載山河且厚堅造化生生
成萬物雖云有體亦無邊
太陰之魄太陽精兩曜行天得繼明早見金烏從左出夜觀
玉兎自西生容光處處能常照飛影時時不暫停本體虛圓
如合璧誰言朔望有虧盈
三百餘篇上古詩化行天下正倫彝朝庭雅頌風能變里巷
歌謡俗可移先有辭辭惟正叔後来集傳仰朱熹咏歌情動

於中處不覺懽忻舞蹈之

壁經一卷在儒林學者須當細講尋八索九丘多載事三王
二帝只存心闡明大道分賢聖授受遺文有古今覃思研精
探隱奧方知義理更幽深

大明天理正人倫都在宣尼魯史文萬世準繩俱率舊百王
法度不圖新行其典禮通天地立此綱常動鬼神賊子亂臣
知恐懼是知絕筆為傷麟

二千三百有威儀動靜操存一敬時義重君臣分上下位嚴
天地別尊卑聘朝射饗皆由此冠祭昏喪只在茲林放也能
知大本必須蹈矩與循規

夏至

陰長陽消一氣通純乾忽與巽相逢薰風已是午之半炎火又當天正中要識冰霜能肅殺先觀草木各豐隆掩身齋戒猶加謹屏慾存神體自充

無題和李商隱韻

風波人海泛孤舟何必人生為告猶元亮折腰應辭印張良辟穀願封留行空雲變為蒼狗轉眼春來又素秋萬事不關心自樂悠然一枕臥床頭

窗簟修篁帶午風蕭蕭清韻小窗東自憐王宇無雲蔽誰道銀河有路通天外千尋低嶂碧春前幾片落花紅懷思三顧當時處諸葛茅廬長亂蓬

那得浮生絕世蹤曉鐘鳴了又昏鐘屈原行澤空情淡張翰

思尊歸與濃月出雲收明桂樹池清水落見芙蓉莫言天闕未朝覲一寸心誠在九重

否極還知泰又來陽昇奮起地中雷不逢避世採芝叟惟愛如愚陋巷回秋雨易凋蒲柳質寒松自保棟梁材而今兀坐西窓下方寸凝然若冷灰

常歎全才自古難西楼月落五更殘雲山題品詩先就筆硯消閑墨未乾更漏謾催知夜永陰晴不定覺春寒紛紛千古無窮事青史一編還自看

存本軒

已知大道出於天愛物存心偏一軒根底生生成大本源頭混混有流泉平生進德行仁義終日思誠仰聖賢君子功夫

專用力孔門有子著名言

覲日軒

東方日出在清晨見日分明似見君目覲扶桑常敬仰心傾暘谷但寅賓九天赫赫恩光重五色昭昭景象新臣子好存葵藿志時時相近復相親

橘雪軒

雪中賸有橘千頭世業全勝萬戶侯玉屑光寒崑嶺曉金衣色重洞庭秋開囊廣濟功尤大梵券無償德最優一片一杯能去疾藹然名譽播梁川

惠園睿製詩集卷之三

惠園睿製詩集卷之四

七言律

壽親堂

壽域高深即壽鄉氤氳佳氣藹華堂但祈耋耄精神健更願期頤歲月長脩饌尚供玄鹿脯承顏再捧紫霞觴子能行孝如曾閔留取聲名百世香

擴趣軒

無邊清趣在郊東佳水佳山飽玩中鳥雜笙歌當旦暮花攢錦綉間青紅目迎成色山間月耳得為聲水面風游賞詠歌心自樂盤桓無日不從容

樂全堂

高堂慈孝篤彝倫和氣融融萃一門膝下歡娛賢衆子尊前
康健老雙親能循禮讓皆知義克盡仁慈倍感恩俯仰乾坤
無愧怍春庭戲綵樂無垠

愛菊軒

黃花九月快人情節到東籬遍地生凉露寒芳舒蠟瓣深秋
挺秀吐金英香清風外浮龍腦色淡霜中有鶴翎千載誰人
同此趣只輸東晋老淵明

竹屋

數椽茅屋數竿竹地位清高不受塵正愛午窓風瀉韻多因
半夜月傳神幹分碧色書青簡葉帶清陰泛綠樽待得春來
頭角露森森玉立好兒孫

椿諼堂

嚴慈壽筭擬椿諼顏面霞紅雪淌頰銅狄摩挲期百世蟠桃結實待千年靈根不老經秋雨嫩葉長榮帶曉烟鹿脯駝峯供饌美一家和順樂於天

忠本堂

平生心志忠為本宣化遐方佐聖君一郡歌謡知感化千家富庶賴施仁鳴琴舞鶴閑消日漑水滋田樂有春撫字心勞身不倦亢重褒異沐天恩

仁濟堂

心存濟物廣施仁脉妙傳來洞入神天札已除蘇赤子沉痾盡去起疲民橘井金顆多含露杏吐紅雲總是春知爾脩為

陰德厚子孫顯達大其門

恩養堂

萱堂祿養重鄉閭日日晨昏問起居瑪瑙杯中飡玉液水晶盤內鱠銀魚開顔毛義應持檄愉色崔邠自導輿聖主襃封知有日綿綿存積慶多餘

思慕堂

音容杳隔久沉思日念雙親獨慘悲抱恨終身常墮淚感懷累歲只低眉供飡不復烹金鯉上壽無由捧玉巵几上舊書多手澤傷心怕讀蓼莪詩

宦途遊覽

萬里之官赴蜀西宦途遊覽勝毎留題看山去去經嶓冢策馬

行行過碧鷄春雨錦城花色重曉烟野渡柳枝低谿公清獻
名猶在政事文章好與齊

義和堂

兄弟相和能集義相親常日樂無涯翩翩並影如鴻序韡韡
聯芳長棣華西蜀五常同馬氏東齊一氣說田家王昆金友
人推重他日登庸受寵嘉

慈節堂

高堂華扁書慈節大志難移有始終四德相夫能敬慎三遷
教子得從容亭亭勁竹常經雪凜凜孤松獨傲冬陶母陳妻
全內行昭然白世播清風

菊泉軒

軒泉細菊映清泉泉菊相親得引年石面冷光流玉液霜中黄色墜金錢水能愈疾思蘇子英可充肌想屈原妙入聖神難測度洞明脉理自誰傳

問月軒

舉頭一問青天月高捲朱簾敞玉樓明暗數番經晦朔盈虧幾度歷春秋人間親見金環墜天上誰將玉斧脩懷抱大開同太白清輝素影淌瓊甌

瑞竹堂

琅玕萬箇擁高堂長短參差萬玉蒼雪後堅貞持節操霜中虚直見心腸紛紛半榻玄雲冷冉冉虚窓綠霧凉試取數枝為管籥大廷奏處引鸞凰

友山亭

平生心志愛清閑不友常人只友山但喜杖藜時信步還須拄笏日舒顏雲開相對簾常捲月到同談户不関千古歲寒心切切遊觀幾度去仍還

思善堂

為善孳孳盡一誠家居長是慕東平泉無査滓根源淨鑑有光輝本體明鄧禹行仁常不殺歐陽存義欲求生前人能積陰功厚子子孫孫竟顯榮

玩易軒

玩易潛心在聖門肅容端席對爐薰知周萬物雖無體道貫三才自有神消長知時從始復親踈見後識乾坤生生一段

精微意安得朱程共討論

榮養堂

高堂奉養白頭親懽笑無休日日春食飲旨甘陳五鼎起居富麗列重絪立身不辱須全孝順命無違欲報恩竭力已酬人子志好攄忠亦佐明君

凝清軒

高軒虛敞枕江流潦盡潭清霧氣收湛湛無塵寒浸月泠泠徹底冷涵秋徘徊雲影波心見遠近天光水面浮坐久心空無一事致身彷彿在瀛洲

諸葛武侯廟

豪傑英雄出等倫千年血食廟猶存一生盡力期平賊兩表

攄忠獨愛君研上荒莕將蝕土門前老栢欲凌雲城南尚有桑田在仰慕高風對夕曛

湧泉書舍

泉清地僻構精廬中有幽人自讀書水氣常侵秋几潤波光遠映夜窓虛簡編用志須研究墳典開心可卷舒惟有姜詩能孝感奉親供饌有雙魚

夢萱堂

隔世萱親今幾年慈顏入夢似生前能成截髮延賓禮不負遷居教子賢坐起分明如見面笑談彷彿聽遺言寒城鼓角俄驚覺想像傷情淚泫然

養志堂

嚴慈康壽在高庭養志惟當盡一誠正爾和顏還悦色又須下氣與怡聲禮延鄰母常分鯉孝感邦君特遺羹尚想曾參能敬慎老親無恙得安寧

敬友堂

孝親恭謹能存敬更喜怡怡友愛深設几觀書推顧愷為文繼志慕劉歆連枝有理因同氣聯璧生輝共一心父健母慈兄弟樂譪然名譽重南金

樂慶堂

懽樂高堂生吉慶雙親偕老樂天全飯陳碧碗青精軟膾切金刀錦鯉鮮桃歲三千期阿母椿年八百壽鏗籛怡顏戲綵同承奉和氣雍雍滿綺筵

世勣堂

精忠累世樹奇勛抱負丹心拱北宸寶劍倚天生殺氣長戈
累地靜妖氛昔年出塞曾平賊今日趨朝又侍君赳赳英雄
推武勇定須圖像在麒麟

朝陽軒

東方晴霽日初升緩步寅賓出戶庭但使山川增景象便教
草木被恩榮晨曦明麗瞻君表曉景融和愜下情當惜分陰
勤事業登庸定擬上神京

些子景

百歲容身宅一區周旋渾若在冰壺尺天月照吟窓小隙地
風和坐榻孤拳石不多同泰華盆池雖淺勝江湖此中莫謂

規模隘却是乾坤造化樞

松楸永慕

雲掩松楸鬱未開思親腸斷日千回晨昏悲慘驚風樹歲月蕭條冷夜臺孤兎不教藏隧道碑文忍見蝕莓苔萬重山水寸心遠何日登山奠一杯

翠微軒

一軒結在萬山中隔斷紅塵不與通簾捲每迎青嶂月窓虛自有碧梧風夢回醒酒常眠石行處穿雲累策笻眺得高閑無擾攘只因仁者趣相同

碧筒飲

旋折新荷飲碧筒不須玉斝與金鍾翠盤倒浸琉璃滑青蓋

才傾琥珀濃微苦通心生冷露異香入齒引淸風琅玕莫使
秋霜妬留在臨池綺席中

翠屛精舍

獨愛高山列翠屛故來靜處構軒楹一天烟散曉凝碧萬壑
雲收曉送靑偃臥片時眞有意坐看終日豈無情吟詩拄笏
消閑暇心在蓬萊白玉京

守一齋

嚴肅齊莊用志精默然持守在思誠常能業業如承祭無失
拳拳貫服膺天理明時同夜月欲情消處釋春氷勿參勿二
心應化湛寂靈源徹底淸

宦隱亭

誰信林泉即市廛行藏易地則皆然投簪何必雲山去為政從敎車馬喧花縣子眞稱散逸金門方朔是英賢由來隱顯應同道可笑時人執一偏

愼德齋

愼德須臾不可離乾乾終日要操持提撕正在隱微處存養當於戒懼時形跡未明先自察私心將動莫敎欺獨居暗室尤加謹人不能知巳獨知

一白處 二首

小軒純素不玄黃本體通明豈待裝瑩潔絕瑕同玉質虛圓有象合天光眼觀冰鑑渾無迹鼻嗅梅花暗吐香紙帳夢回心自爽照然秋月正當窗

青黃紅紫不到處一白寥寥體自純太素天中晴霽雪無塵地上境生銀渾融內外應忘我明潔方隅不見人造化無窮從此出考亭夫子有箴文

侍諼堂

惟植叢諼近北堂慈顏日對百憂忘風吹葉展鸚翎翠露浥花含鵠觜黃永晝承懽披綵服流霞獻壽泛金觴親年無恙常康樂孝感應知天降祥

怡情軒

俗塵不入小軒清風景盈眸足快情得次靜凝金井水神竟涼浸玉壺冰松間常喜生天籟竹下時聞有鶴聲爽氣透簾晴雪霽方塘月到鏡光澄

持敬齋

工夫在己要常存動靜周旋只體仁在外齋莊齊手足於中把捉斂精神須臾不離時時警造次無違日日新四體百骸從命令潛心一默事天君

奉親堂

晨昏孝養在勤身新築高堂為奉親處子擇隣蒙聖善過庭學禮仰嚴尊兒孫漸長依慈竹歲月延長擬大椿娛色怡聲尤敬慎一門和悅篤彝倫

沉潛齋

齋房宏敞已新成華扁沉潛揭美名滓穢于今俱渾化靈臺自此愈光明石藏粹玉山常潤海育明珠水自清克己能存

顔子志聖門爲學在知行

奉萱堂

奉親堂背樹叢萱親老無憂喜有年暗度薫風香吐細常含曉露色尤鮮烏雛弄處臨階下蟻酒斟時近席前相對慈顔無限樂應知福慶自綿延

松亭避暑

萬株松下構山房直幹參天愈老蒼一抹凉陰清入夢半簾寒影翠流光浮瓜剖處甘如蜜新藕嘗時冷似霜此地絶無三伏暑閑揮白羽且徜徉

詩巢

詩巢結在幽閑地揷架千篇日可親緯地經天才俊逸鏗金

疊玉句清新半窗朗詠寒依月孤榻長吟冷卧雲盞在水中還有味于今造妙自通神

草亭

雲林深處結茅亭苒苒蔓蔓繞砌生欲究濂溪賢聖學要知靈運弟兄情光浮小榻含烟碧色透跡簾帶露青今喜俗塵渾不入乾坤萬里趣尤清

桂林書屋

婆娑叢桂倚書堂觀覽詩書味最長月下清陰移玉几風前嫩蕊落銀床研窮要足三餘學清淡能吹萬斛香獨出一枝雲漢外擢科有待被恩光

愛日堂

愛親惟願日延遲卜築高堂正面曦但欲東升來拆水只憂西沒入咸池飯香雪白抄雲子酒美鵝黃滿玉巵左右扶持能盡孝慈顏歡笑樂怡怡

幽遠軒

安恬幽靜住林泉世事不關心坦然明月在天還有影焦桐掛壁也無絃綠苔兩砌常重疊白鶴松門任往還景寂地偏人不到黑甜一枕得高眠

琴鶴雙清

古琴老鶴喜雙清雅稱軒窓愜素情橫膝能彈千古調沖霄時聽九皋鳴翩翩白羽風前舉細細寒泉指下生謾說東坡能物化任他昭氏有虧成

竹石庵

湘竹千竿石一拳參差磊落幾經年堅貞有實深藏玉虛直無心勁倚天節上題詩還自寫月中醉酒亦堪眠此君獨抱冰霜操文采天成出自然

卧雪軒

繽紛密雪擁書軒凍合乾坤獨自眠守己寧甘居冷地處貧豈畏在寒天只疑琪樹飛瓊屑錯認楊花糝白氈凛冽已知陰慘盡陽春煖氣又歸旋

琴書小隱

數编經傳一張琴小隱潛藏在石林月夜横彈恒養性雨窗熟讀要明心眼中見徹古今事指下能回天地音味道窮神

探聞與何當與爾共鈎深

聽松軒

疎松手植滿軒庭秋入西南籟自鳴蕭瑟冷音窓外起凄清寒韻座間生半空時有笙竽奏平地忽驚風雨聲懷抱能同老弘景自怡自樂覺神清

梅月軒

梅邊有月最精明梅月横窓分外清常見疎疎清影動遠聞細細暗香生林間潔白幾枝雪水外光華一片瓊折桂丹梯終有路他年有待去調羹

水雲精舍

白雲縹緲水淵清雲水相連境静明山下雨來龍氣濕江中

風定鏡光平日高遮頂常為蓋秋盡澄心可濯纓縱有微塵無路入悠悠漠漠映柴扃

竹溪漁隱

結茅溪上竹成林愛此泠泠清我心月下每將舡抴鼓風前亦任釣鈎沉綠陰滿户浮緗簟冷韻當窓潄玉琴長日渾如秋八月凉生爽氣入衣襟

蘆月軒

今向江邊構草廬嬋娟明月映黃蘆寒光皎皎銀蟾照素色皚皚白雪鋪氷鏡影中千點綴秋花叢裏一輪孤小窓坐久無塵慮此地從來不受汚

竹鶴亭

淇園綠竹青田鶴地位清高景最幽月照素翎寒警露風吹
綠葉冷吟秋西湖高潔輸和靖空谷徘徊有子猷歲暮能存
君子操不妨萬里與天遊

杏莊

種杏千株慕董翁濟人處處起疲癃繁葩日映堆霞赤嫩蕋
風翻碎錦紅守果常年還有虎傳方向日豈無龍扶危救疾
存陰德有券皆焚不計功

同心堂

同心扁揭書堂楣兄弟相親不暫離茂盛紫荊開近砌蒙茸
碧草長芳池鶺鴒原上聲相應鴻鴈天邊影自隨同氣連枝
情正洽歡忻終日樂怡怡

觀瀾軒

靜眼觀瀾居靜地長風萬里湧清波滔滔逝水來深谷混混
清源入大河誰信無窮常潤物要知前進必盈科朝宗不斷
古今古道學淵深仰孟軻

月堂

虛明心地月同光月朗心清意味長冰鑑無塵明萬古玉輪
有跡印千江了經幾度留烏几出定常時在碧窓只有寒山
是知已生前身世兩相忘

雲月山房

白雲明月在山房皎皎溶溶景色涼潔白一天疑是雪分明
五夜却如霜白衣簷外常飛影玉兔簾前自湄光地靜身安

甘淡泊夢魂全不到鵷行

泉橘軒

橘樹千株依玉井存心利物慕蘇眈爐中丹藥須常鍊肘後青囊每自探食葉正當除疢疾擲波能為解沉酣濟人贏得馳聲遠求治門前客駐驂

秋懷二首

梧桐一葉落高枝日上虛窓夢覺時萬物盡從秋後老寸心不與道相離感情寓景歐陽賦愛國忠君杜子詩瀟潦盡來無積雨澄清碧水滿芳池

隨分從容得自安政餘也得有清閑心探賢聖常稽古理究乾坤為訂頑謾說延年無晚菊欲為紉珮有秋蘭虛堂蕭爽

生涼思欲整衣冠為怯寒

存忠堂

一寸丹心在聖朝曾於沙塞效勤勞英雄盖世披金甲智勇兼人仗寶刀換燭談兵居虎帳啓窗崇武玩龍韜常存忠赤心如火天上終期受寵褒

雲林書屋

低低書屋傍雲林林下觀書俗不侵片片隨風飛淡影欣欣向日有繁陰掄材不久當為棟濟物乎今好作霖四海蒼生正凝望從龍須展致君心

梅莊

手種踈花遶北莊隆冬開放漏春光羅浮仙子冰霜骨姑射

山人縞素裳楚楚寒英時冷落疎疎清影月昏黄枝頭佳賞
知多少次第調羹上廟廊

友竹軒

三徑曾聞蔣詡開森森玉立近西階風清入戶故人至月白
升堂君子來常耐歲寒同節操苦無炎暑散襟懷石壇洒掃
娟娟淨勁直扶疎絶點埃

全節堂

為臣謹厚節能全義膽忠肝老益堅千古留名推世傑一身
不屈有張騫疾風勁草能持守烈日嚴霜不變遷定立如山
終不動他年功績紀青編

樂琴軒

閑中心志合元亮坐向虛窗適性情能得無聲宮羽調已知有趣短長清龍吟滄海秋風冷鶴淚青霄夜月明會得高山流水處雅懷惟許子期聽

秋月軒

閑軒對月月華侵雲靜天空色湧金揚彩照明還本體無塵潔白似初心梧桐移影多零亂窗戶容光亦照臨閱盡幾人更幾世一輪從古到于今

蘭室

蘭室奇花自出群猗猗曄曄不沾塵淺深玉質當春茁遠近天芬為日薰幽谷撫琴思孔聖秋風紉珮感靈均開窗終日閒相對一種孤高正可人

白燕

潔身幾度自啣泥来往簾前白羽底掠水易從花外見隨風却向絮邊迷玉釵兩股入簷短銀剪一雙穿幕齊惟得夜来飛不定瓊樓深處欲依栖

春暉堂

堂上春陽每照臨延遲莫使去駸駸衷中深得叢萱意東野難忘寸草心舊製班衣常自舞新篘緑酒更頻斟手中線在恩難報撫卷載歌遊子吟

翠景軒

軒居瀟洒近炎州晴翠陰陰照兩眸嵐氣擁山青欲滴羅紋泛水碧同流蒼松滿徑常如夏芳草連天不是秋清景無邊

觀不盡新題分付錦囊收

草窓

生生碧草得春陽青入疎簾滿小窓圖在枯荄知茂叔卦存細葉見羲皇菲菲偏向烟中長冉冉長從雨後芳物理静觀融化處自家意思不能藏

虚白室

虚明一室自生光静處寥寥夜色凉萬里無雲天蕩蕩千江有月水茫茫照明眼目開銀海清潔身軀在雪堂惟有南華知此趣寸心於道久相忘

存省軒

軒名存省慕曾參守約求身日省三一理貫通忘內外寸心

觀察不東南生前要使乾坤合胷內當知造化含為學自治
親切處仰觀俯察總無慙

靜一齋

持心不使日奔馳萬慮消除一靜時不二凝然能有定純誠
廓爾自無私太虛空濶雲銷翳秋水澄清月吐輝誠立明通
皆自得年來處事合其宜

遠景軒

靜境無塵闢小軒遙觀清景浩無邊烟迷綠樹應難見鳥入
青冥更不還杳靄無窮雲接地微茫不斷水連天千崖萬壑
高深處隱見飛流百尺泉

聽雪軒

寂寂虛窻聽雪聲正當一枕夢初醒臨簷撩亂春垂響到耳輕盈凍雀驚簌簌隨風敲紙帳泠泠雜雨打銀屏坐深五鼓渾無寐浩氣生寒徹骨清

雪香亭

幾樹疎梅倚石臺雪中時有暗香来輕明玉骨常依水冷淡冰姿逈絕埃雅態十分寒凜凜清標一色白皚皚隆冬衆木皆枯槁先得陽春獨自開

松林精舍

逬舍栽培萬樹松亭亭千尺影凌空簷前風動搖新盍簾外蟾明臥老龍弘景幽懷真可並淵明雅趣逈相同逼人清氣難言處未許紅塵半點通

太虛亭

恢恢浩浩本無形萬象包羅體徤清歛凈浮雲層漢碧掃除宿霧遠空青四時運轉能無息一氣流行不暫停造化已知從此出本来無臭亦無聲

一樂堂

弟兄孝養白頭親歡笑高堂日日春樂奏塤篪敦友愛凉生枕席効辛勤流匙香稻光如玉入饌嘉魚色似銀此樂想天下少綿綿瓜瓞子仍孫

借竹軒

隣家脩竹百餘竿從此閑軒一借看當戶幸分青翡翠過如得碧琅玕不曾移動何煩取爲謝栽培豈待還真節虛心

真可愛四時也得報平安

堅清軒

守志常清歲月深一塵不許入吾襟無瑕明潔惟良玉有調悠揚只素琴自擬隱之從飲水誰知揚震解辭金冰壺表裏俱通徹遠播高名重世林

斗室

分明一室渾如斗小小規摸足可容從使不寬能覆燾任他窄隘得帡幪閑窓半面地無外入戶一腔天在中堪比焦光蝸室大一區何必說揚雄

坦坦齋

前無闗隘與丘陵信步從容自在行脚下也知無險阻眼前

方信不歆傾迢遞亦任通南北来去無煩問路程蜀道秦關俱歷盡坦然如掌自寬平

淵澄齋

碧水當窓不混泥澄清見底燭鬚眉涓涓瑩潔風停處湛湛光明月到時已悟源頭来有自信知本體淨無私靜觀純粹深潛理只許顔淵更有誰

錦城十景

浣水風烟接草堂龜城官柳麗春陽揚雄池上魚吞墨諸葛祠前栢傲霜舟渡霽川依岸近鍾鳴昭覺出聲長杯浮菊井秋香細遥見岷山雪吐光

素軒

尚質高軒不尚文無塵無色體還純一方潔白渾如練四面空明總是雲皎皎夜窓蟾掛鏡皚皚冷地雪鋪銀身栖太古洪濛外紙帳梅花夾夢魂

心遠亭

在市猶能絕市喧小亭幽遠地還偏經霜秋菊開籬下倚漢南山在日前此處自知真有意向人欲說又無言一生心慕陶元亮醉後載歌歸去篇

琴清軒

桐琴度曲可宣情古調長清與短清山靜每聞猿夜嘯林深時有鶴秋鳴泠泠泉韻從絃出泛泛梅花落指輕聽到無聲今亦少一輪明月在中庭

竹松軒

徂徠松近淇園竹松竹陰中闢小軒雪壓銅柯長矯矯雨滋翠葉淨娟娟門開載詠謫仙句歲久頻歌老杜篇談笑往來無俗客一簾秋色隔塵喧

草堂琴趣

桐木為琴草覆堂收琴還用錦為囊斷紋隱見如蛇蚹占調和鳴引鳳凰夜永簾垂風韻息香清几淨月華凉琅然一操陽春曲和者應稀謾自傷

蘭桂軒

岩桂陰連九畹蘭幽軒終日正宜看芬芳春早開深谷偃蹇秋清在小山屈子再來還可佩吳剛自此不須刪國香時逐

天香遠獨秀風霜耐歲寒

江湖行樂

江湖萬里泛輕舟楚尾吳頭事勝遊蓬底浪花晴作雨窗間水色冷涵秋探奇再上滕王閣乘興還登庾亮樓與客忘形對樽酒笑歌為樂總無憂

桂月軒

明月娟娟照薜蘿風飄丹桂異香多三秋金粟簷前墮五夜冰輪戶外過美酒酌時還對影高枝攀處擬登科郄生太白今何在談笑無人可奈何

松軒

喬松百尺直凌霄冒雪饕霜翠不凋秀葉婆娑藏老鶴高枝

天矯舞潛蛟月移凉影傾車盖風度寒聲撼海濤材大知爲
棟梁器登庸早早上清𡵨

活水軒

分来活水遶孤軒風動文瀾出自然夜永沉沉寒浸月秋深
浩浩冷涵天流長自喜無查滓泒遠誰知有本源引入方塘
開一鏡照明心地擬先賢

蘭雪軒

幽蘭正放雪繽紛漏泄乾坤一氣春帶雨隔窓生冷艷隨風
入室散清芬紫花紉就佩環玉碧葉鋪成翡翠銀心迹逈明
多爽氣門無車馬遠囂塵

梅窓琴趣

窓外梅花自有神瑤琴得趣鼓陽春五音和暢冰霜地三弄悠揚水月村踈影動移還自賞暗香浮蕩許誰聞清癯又抱堅貞志歲暮天寒可近親

溪山小隱

幽人愛靜住溪山清淡無拘萬事閑浩浩天光鋪雪鍊冥冥霧氣濕雲鬟聯拳影照波心鷺馥郁香分谷口蘭來往絕無人擾攘柴門常日不須關

淡泊齋

隱人淡泊是生涯清愛林泉不尚奢累食菜根忘肉味獨眠紙帳有梅花人來不飲羊羔酒客至常烹雪乳茶寧志沉思諸葛事門無車馬絕喧譁

樘林書舍

樘樹扶踈遶屋生參天百尺自亭亭詹頭礙日午垂影窓外吟風曉作聲枝挺琉璃多茂盛葉鋪翡翠更葱青草堂書院曾栽此子美于今有舊名

以愚名扁揭軒中朴直純誠有古風莫道平生無知識從教終日若昏蒙高柴謹厚何曾別顏子深潛亦可同守已虛心常不動任他来往自憧憧

耕樂軒

郭外躬耕二頃田藜羹荳粥樂無邊犁鋤播種當春雨簑笠耘耔帶晚烟莘野志希伊尹志南陽賢慕孔明賢黃雲滿地

秋成後爛醉高歌大有年

柳溪漁隱

沿溪楊柳拂漁磯溪上漁翁足可依荇葉牽風隨釣艇蘆花飛雪點簑衣子陵遁跡無人識尚父潛身只自知惟在烟波無寵辱陶情酒美鱖魚肥

野軒

一灣流水遶柴門門外渾無來往人桃李三春如錦麗稻粱九月若雲屯常開陸羽燒茶竈自整淵明漉酒巾雞犬昇平還有象熙熙好似葛天民

碧雲精舍

簷前雲氣晝飛揚一片青蒼映小窗挾雨翠陰秋漸冷漫空黛色午生凉冥濛綠霧迷孤月罨靄蒼烟蔽太陽變化待看成五采煥然霄漢露文章

雙清軒

光風霽月浩無涯意思清明我獨知虛籟忽生來有自容光必照本無私能催萬物陽回日普印千江夜半時此景難言

詠解得請看邵子五言詩

靜學齋

置身不離小齋東爲學存存獨用功在手典謨頻玩味潛心
爻象自研窮凝然一定如澄水廓爾無私合太空外物不侵
情不動紛紛有感即能通

西齋

齋居卜築近咸池地位清高總得宜昧谷事堪和仲並首陽
節與伯夷期清光皎潔蟾生處暮景延遲日落時莫謂霜嚴
秋氣肅籬邊尚有菊花枝

惠園睿製詩集卷之四

惠園睿製詩集卷之五

七言律

心樂齋

克治方寸謹師回存養於中要自爲戰栗齋莊持拱璧嚴齊整肅寶靈龜揩磨只欲同明鑑消化何妨若死灰陋巷清風播千古性成賢聖許同歸

尚德齋

脩身力學貴存仁尚德如居必有鄰克復要知常爲己黙成須信不求人此心提挈當時勉私意隄防在日新天理流行無滯礙渾然一性煖融春

清樂軒

虛敞軒居遠絕塵清閑最樂得大真屏風環列皆青嶂籬落周圍有白雲情正竹間歌魯頌心清窓下玩羲文夜來雪霽梅花發暗度寒香滿泄春

分陰軒

軒中愛惜好光陰為學工夫費討尋正喜餘輝增一線當知飛影直千金士行運甓曾勞力韓愈焚膏亦用心惟日孜孜無少暇白駒莫遣入西林

橘菴

數株香橘近丹房名與蘇眈可並芳九夏炎攅寒雪白三秋色重軟金黃飲泉稱子能全活食葉斯民有壽康惠澤博施功不淺濟生處處啓青囊

璨翠樓

四山如畫繞高樓灝氣穿簾翠欲流樓碧自宜仲兩足送青頻喜入雙眸窻前日出嵐光擁檻外烟生黛色浮萬木蒼蒼長是夏繁陰滿地若無秋

静軒

無思無慮坐幽軒静極虛明見聖賢表裏純誠師孔子工夫喫緊友顔淵兩忘自喜中心定一敬寧容外物牽湛寂絶塵清若水復初明善樂天全

拙庵

百巧何如一拙高閒閒到底勝勞勞結繩自古無書契抱甕於今有桔槔多詐底須誇兔穴寡謀亦任笑鳩巢身安載讀

瀟溪賦弊絶風清俗不澆

虛室

居室寥寥體太空紛然萬物寓其中方輿盡載無垠地噫氣能噓大塊風蕩蕩何為寧許窒生生有理自潛通一心應物渾無跡廓爾太初還與同

雲寓軒

不寓塵寰只寓雲寄形雲下任氤氲往来常喜鶴為伴園護正宜山作鄰無意入簾繞漠漠有時遶筆又紛紛謫仙弘景千年後屈指何人得似君

遯耕軒

平生遯跡在山田不為紛紛名利牽李愿甘為盤谷隱德公

獨擅鹿門賢禾苗數頃滋春雨菽柘一村蒙曉烟十月囷盈倉廩實黃鷄白酒樂豊亨

雙桂軒

軒前偃蹇有雙桂兄弟相依情最親材器已成同轍軾香名遠播若機雲齊開金粟承朝露並立桐柯遇早春月窟一枝先到手擢科定擬覲楓宸

獨松軒

杜陵昔日有獨樹爾今軒館名獨松危枝亭亭撑夜月疎葉細細生秋風孤高惟一不巢鶴夭矯無雙常走龍卓然自立傲氷雪五株不羡秦豪封

映雪軒

六花散漫映軒楹中有幽人讀聖經豈待匡衡重鑿壁不勞
車胤再囊螢簡編自喜寒光照几席從他冷艷生才智有餘
功業盛青霄得路看高登

水竹居

一灣流水幾竿竹水竹相依地可居翡翠毛長生葉暗葡萄
醅潑去波餘亭亭勁直饕寒雪湛湛清泠合太虗窓户洞明
塵不入心閑鎮日只觀書

秋素軒

軒窓寂靜晚凉生素景偏宜愜素情淡淡一簾雲影薄瀼瀼
五夜露華清葉凋老樹山尤瘦潦盡寒潭水更澄玉宇空明
無點翳月光相對寸心明

涵清軒

無塵地位一軒臨金鑑澄鮮悅我心近水只歌元亮句濯纓再作屈平吟四窓常見寒光入六月難消冷氣侵遠望悠悠螺黛緑三秋徹底更沉深

静樂軒

軒中一榻景尤清空濶秋宵月自明去翳天開雲散影不喧風息樹無聲塵埃斷絶簾常下車馬来稀户不扃物化眼明心洞徹凝然常日坐虛庭

澹然軒

澹然軒舘寂無譁好似僧家與道家竹下留人傾薄酒松間延客煮清茶山空木落含秋色水遠波澄浸月華歳晚天寒

清絶處枝南香雪有梅花

靜幽亭

新搆虚亭静且幽一身安穏在林丘琴書自有平生樂名利全無萬事休雲影去来山不動鷗群出没水長流閑門閒寂經過少黄菊秋香冷淺秋

慈訓堂

訓教庭闈荷母慈去今親友與隆師助勤親手曾和膽勉學成人早斷機淹貫詩書期造就博通今古見操持叮嚀無戒常加省汲汲孜孜日下帷

耕讀軒

朝出躬耕夜讀書留心農務慕先儒一犁春雨功非淺满架

牙籤樂有餘辛苦服田成事業殷勤力學講唐虞此身莫道
終丘壑飛步應須上紫衢

散木軒

社櫟樹歷幾千秋匠石揮斤未見收材大棟梁雖不用根深
天地得常留數番為器備生靈十仞臨山可蔽牛全我壽年
辭剪伐養生誰識老莊周

蓬軒

縛竹為軒小若蓬安居渾似在舟中通波光動窗間月疊浪
聲號屋角風身世浮沉隨去住心源澄徹合虛空生平託跡
江湖上能與龜蒙意趣同

默齋

吾儒大道自幽玄默坐齋房養性天月印沉潭尤静潔春來鳴鳥厭啾喧是非緘口何須辯用捨隨時不待言枝葉繁文刊落盡唯然一貫在歸原

烟霞深處

林泉遁跡老烟霞門徑幽深處士家光絢夭桃紅勝錦影遮嫩柳碧籠紗南山漠漠成秋色東海紛紛帶日華堪比游岩舊居宅分甘錮疾絶喧嘩

卧雲菴

卧雲老翁常卧雲性來伴我百年身高巢影護疑無地半搨陰迷不見塵弘景嶺頭還自悦圖南山下許誰分忽然一夢生孤枕化作甘霖欲濟民

退逸軒

詩老歸來得自由無榮無辱更何求于今已解陶潛印此去還乘范蠡舟風月無邊情放曠雲山隨處樂優游綸巾藜杖無拘束一任身閑到白頭

鶴林書屋

書滿軒窓松滿林林中警露有仙禽丹砂在頂千年壽白雪為衣萬里心涵養性情須正大講明義理更幽深吾伊聲和鳴臯韻喜得良朋每過臨

石屛山房

結屋藏書對石屛巍然萬仞倚蒼冥懸崖瘦硬青松掛匝地團圓碧蘚生五色煉來天可補一方卧處酒能醒糢糊碑刻

今仍在往昔登臨有客行

芝軒

軒後軒前有紫芝煌煌呈瑞産明時英華欲得乾坤秀潤澤常蒙雨露滋出類謝庭多益壽數榮商嶺可充飢這些滋味超九品態掌雕胡未足奇

除夕 一首

東軒守歲渾不寐酒泛屠蘇滿玉杯殘臘已從今夜盡新年又向早春來庭前爆竹聲尤震窗外寒梅花正開陰極陽回生煖氣樓頭更漏莫相催

年華如水節來頻挑盡寒燈夜已分餽歲載歌蘇子句送窮謾説退之文筆題戶外桃符換火在爐中獸炭溫雪後寒梅

報消息幾枝紅白漏陽春

元日試筆

元旦開明萬象春春盤春菜一番新祥烟瑞日光生物淑氣和風煖襲人吟詠性情皆已意游優翰墨總天真閒觀時景無窮盡都在流行造化鈞

偶書

樂處悠然樂有餘生生窓草不須除堯夫言論先天理周子完全太極圖飛鳥從教來又去閒雲亦任卷還舒深沉院靜渾無事一榻春風自翕如

南窓

南窓睡起捲緗簾楊柳飛花落短簷寫景題詩揮兎穎藏書

在架挿牙籤乾坤獨立常思古歲月頻遷未肯淹綠竹扶疎
春雨裏玉簮迸地笋新添

覃思

覃思研精究本原平生希聖且希賢累年居國惟安矣萬事
從天聽自然常對南山還有趣也知吾道在無言閒中所嗜
甘清淡院落風微鳥韻喧

竹窓琴意

讀易窓前竹數竿取琴常在竹間彈聲來風外鳴玄鶴影落
雲頭舞翠鸞好把烟梢啚内寄任從柳絮指端翻此君節操
存堅直白雪陽春共歲寒

石田山房

丹房靜寂倚山根來往無人逈絶塵竹外引泉因種玉隴頭斫地便開雲食時如芋常充腹煑處丈鐺每束薪養得道機純熟後想應月夜禮茅君

雲巢

萬松深處托雲巢物外高人結搆牢談道有時開玉帳朝元常日振銀袍半窓曉雨龍紋濕一枕淸風鶴夢搖身在空寒虛白境卷舒無跡隔喧囂

栢臺淸風

執憲烏臺正紀綱立心弭暴要鋤強豸冠一出豺狼避驄馬經過虎兕藏熾烈炎炎行夏日嚴凝凜凜肅秋霜待看接武夔龍日燮理陰陽佐廟堂

花塢春風

一塢名花錦作叢芬芳淡白間深紅繁英盡得三陽煖艶色皆從一氣融撲鼻餘馨聞最近襲衣清味嗅偏濃持杯堪賞還堪惜莫使韶華轉首空

松壇夜月

秋宵皓月照松壇依息蒼松且樂閑疎葉漏光開玉鑑高枝揚彩掛金環無塵一榻還須卧有趣孤琴取次彈清晝只因來客少露滋石徑蘚苔斑

迎祭思親

遣祀宗藩詎更尊欽迎祭畢泪潸然生前未得供甘旨薨後徒懷隔夜泉哀思無窮同逝水恩情罔極等蒼天兒來默默

難言處風木淒涼月滿舡

過承旨宋學士墓

文章一代振儒宗赫赫名垂宇宙中帝業贊襄居玉署師尊
迮輔佐青宮才華浩瀚追韓子道學源淵繼晦翁學士祠堂
何處是芙蓉城外錦江東

遊昭覺寺

春遊去去到昭提殿宇無塵與俗離身世頓超凡聖境心情
能悟祖師機風前梵唄鐘誰扣樹杪頻伽鳥自啼歸去不知
天已暮一輪紅日已沉西

來青樓

送青排闥兩山高仁者同心足可交簾捲相親常自見門開

便到不須招低浮寒翠怡情性近擁晴嵐爽胃毛自愛八窓俱洞達絶勝太白結雲巢

竹溪書舍

書滿幽居竹滿溪水清沙浅浄無泥開心汗簡堆床亂洗目烟梢拂岸低詩刻珠璣從旦暮路迷翡翠失東西簫聲終協來儀鳳僻處于今且替栖

林塘春雨

雲護高林水滿塘霏霏春雨物皆芳乳鵝蕩浴從深浅喬木參差更短長灼灼山村花亂發青青隴麥雉多藏寛閑平地桑麻長擊壤高歌樂太康

蘿月山房

娟娟明月在山阿，敲户縈纏帶女蘿。光借清寒明竹逕，色分蒼翠映松坡。長藤夭矯驚蛇走，細葉婆娑顧兎過。有樂無憂忘富貴，何須軏著聽鳴珂。

白雲寮

白雲縹緲鎖僧寮，不染緇塵地位高。未肯從龍常靄靄，只宜伴鶴任飄飄。為衣寬博還堪着，隨錫悠揚不待招。占斷山中閒境界，一雙赤足懶趨朝。

文會軒

軒舘宏開喜合簪，良朋正好惜分陰。六經精究思賢聖，羣史研窮見古今。講習豈無相長意，笑談方盡託交心。春風坐榻御杯處，氣合情同利斷金。

柳塘春燕圖

柳映池塘燕子飛融和風景暮春時立枝穿葉語尤巧掠水啣泥力自微風綰緑絲頻往復日臨翠浪正差池習家舊日延賓處應好停杯一賦詩

碧窗點易

點易焚香坐碧窗肅容端席面羲皇一心諷讀編三絶兩目搜尋字幾行筆札夜披朱色暈硯池曉滴露華凉生生不息循環理洞見陰陽否與臧

溪雲閣

彎環溪上白雲生小閣臨溪分外清冪冪垂天張盖影泠泠嗽玉奏琴聲傳岩濟旱思為雨呂望扶周憶釣璜弄月吟風

遣塵慮俯舟一葉水中行

山雨亭

山雨空濛晝不開四圍一碧洗塵埃簾纖繞向樹頭過蕭索又從花外来經濕送青歸客座欲晴分翠入吾杯石床竹簟渾無夏一枕清凉午夢回

紫芝丹室

煌煌芝草護丹房研石為爐竹作床煑玉九旬生寶氣煉金五夜吐虹光壺中都是長生藥几上惟存不老方採摘靈華常服食道人從此即休糧

蒲軒

仙草生生冬夏青開窓相對足怡情詩書几上堪為伴泉石

山中可結盟英氣凜然同義士瘦形卓爾若高僧孤根九節
如龍骨服食年多有壽齡

蕉境優游

翛然林下且淹留老去人間萬事休喫味自知從尾上得甜
誰信在根頭晨梳已見一簪雪曉鏡新添兩鬢秋佳境優游
還自入客來對酒任歌謳

秋香亭

秋花百本遶亭前開向風烟九月天龍腦異芬經日爍鵝毛
素影帶霜妍淵明對處開樽酒盃子飡時有壽年最愛歲寒
堅晚節正人達士共稱賢

琴月軒

軒館深沉月在門焦桐謾鼓大音淳一天淡淡清如水五夜明明爛若銀曲度陽春和白雪調翻柳絮逐浮雲滕間彈罷行背外素影徘徊不離身

友松軒

紛紛衆海孰為徒自有山中五大夫琥珀精華蒙厚毓蘚蘿枝蔓賴相扶隆冬冒雪心難變曠野為隣德不孤鮑叔伊吾敦古道世人莫謂此時無

存心齋

齋居自警扁存心誠一端莊不外尋動處要知魚潑潑靜時莫使馬駸駸操持敬自先民授恐懼嚴如上帝臨收歛不教容一物請看朱子舊規箴

養性齋

稟性虛明合太空操持日日用深工本來有善元非惡從始無私總至公萬事不干忘内外一真常在肯西東静觀化育流行處都在生生天地中

青天一鶴

清臞瘦削洞中仙騎鶴上天還下天霞帔隨身遊萬里丹砂在頂壽千年玄都瑶圃常經歷金闕珠宫任往還世外逍遥無定跡駕風御氣影蹁躚

草堂

覆草爲堂遠世氛山中風月足爲隣芰荷衣可掛薜壁筇竹杖宜過石門樂處水邊常下釣閑來花底且開樽杜陵諸葛

真豪杰西蜀南陽非隱淪

晚翠亭

夭矯亭前挺古松卓然雪下傲嚴冬童童張盖青陰密鬱鬱樹塗膏黛色濃勁節尚存千古操高枝不改四時容莫言澗畔延遲久材大終逢匠石工

清風亭

威權不避有賢名一道清風萬里行姦惡屏除烏府肅隱微洞察驚車明動揺山嶽人心懼凛冽氷霜鬼膽驚不久超遷黄閣内正身端笏立朝廷

南軒

軒館清虚後近中向明不比不西東敬夫修撰名相似仁傑

參軍譽可同雲過簷前遮盾日琴鳴絃上播虞風也知吾道
從茲去仁義當為學者宗

桂竹亭

小山叢桂淇園竹傲雪經霜歷歲寒往昔蟾宫分異種而今
魚釣截長竿三秋細蕋飄金粟午夜清聲振玉環只為禹鈞
能積德致令日日報平安

蘭菊軒

秋菊春蘭可託交愛他絶俗出塵標三冬雪冷先能放九月
霜寒後不凋紉佩騷壇常慕屈泛杯詩社每思陶堅持晚節
無更變不使猗猗混草茅

冰壺軒

軒居湛寂扁氷壺能使纖塵一點無氣色快心過白玉光輝奪目勝明珠虛圓清潔難容僞表裏通明不受汚惟有延平能體此泊然無欲聖之徒

小瀛州

風景依稀卽洞天人間也自有神仙雲車常有鸞驂馭珠樹寧無鶴往還咫尺方壺堪蹴蹋縈廻弱水不勝舡戶庭懶出知天下自有黃庭內景篇

翕和堂

華扁高堂揭翕和孔懷兄弟樂應多心情絕勝金蘭氣風度還同玉樹柯聲協塤篪歡意足飮同盃斝醉顔酡池塘有夢生春草佳句吟成載咏歌

安靜軒

無事幽閑坐小軒高人養性樂天全一塵不染心清矣萬慮俱消境寂然漠漠無聲風息樹明明有影月沉淵分甘淡泊無他好細玩莊生内外篇

友琴軒

生平只與琴為友淡薄交游不負盟千古精微心上得五音暗合膝間横無絃有趣吾先識解慍忘憂了獨清膠漆相投忘爾汝虛庭秋月自分明

求仁齋

齋居幽僻偏求仁力學孜孜志不分顔子問時心渾化仲弓聞處益精勤無私克去常持已存敬嚴如皆見賓虛靜純和

明本體生生萬物合天真

松清軒

長松夭矯倚軒楹古色蒼蒼不變更海日昇時擎蓋影天風度處奏琴聲茯苓厚土千年實枝榦撐空百尺亭捲起緗簾閑對坐紛紛金粉落花輕

秋蘭

曄曄芳蘭生楚畹成叢不許俗塵侵紫莖兩度春秋茂翠葉常時雨露深一曲誰知宣父意九歌自歎屈平心摘來嗅處應思古不覺香風透素襟

槐忠堂

高堂華扁揭槐忠為國傾誠與祜同細細黃花秋色淡紛紛

翠葉午陰濃身臨𤃬穴渾無夢心玩龍韜却有功異域他年成將業有期名位到三公

竹蒲亭

數箇踈篁數寸蒲竹蒲交映一亭孤青青細葉虎鬚長冉冉新梢鳳尾鋪君子虗心持節操老僧絕粒任清癯千花萬草爭春色俗氣于斯半點無

溪林書舍

蕭條茅屋傍溪林萬卷遺編養素心曉啓踈窻來爽氣午移小榻近凉陰旋將綠竹栽青簡長愛寒流漱玉琴木秀水清塵不入往来一徑碧雲深

歸老堂

解組投簪遂早還遺榮從此一身安倦登曉日黃金殿懶列春風玉笋班裴度盤桓歸綠野樂天瀟散在香山人間萬事無心戀林下優游始得閒

題孝節卷

堂扁新題孝節名高臺何用說懷清種來香稻堪供饌採得鮮芹可作羹不動本心堅若石無虧素志潔如氷臨江廖氏難專美此去高門擬見旌

秋容軒

軒庭慘淡扁秋容風景依稀在此中金煉火光籬下菊丹烘日色水邊楓碧雲拖影連高岫白鴈傳聲落太空最愛可人心目處無邊明月與清風

芷菴

沅湘陰處出芳芷移植孤根傍小菴種異蕙荃因不讓色同蘭茝亦何慚金天香逐金風散玉宇英滋玉露含千古靈均惟愛此離騷一卷與誰談

壬寅歲閏中秋

西風吹月上青天輪滿無虧却正圓綠醑盡歡非往夕黃楊厄閏在今年兩回泛渚仍如舊此度登樓亦似前風景清明身欲動遨遊便欲挾飛仙

壬寅歲閏中秋和歸来先生韻

明月如銀出海頭一天雲散素華流三年有積此餘日四序無差閏九秋為愛清光重酌酒又逢佳節再登樓蕭條涼氣

侵人骨疑在廣寒深處遊

氷蟾飛上殿東頭瀲灧波光五夜流歲定四時逢好景閏餘八月在清秋兩畨緑桂香侵座一片金精影入樓物我相忘身欲動飄飄八極任遨遊

守泉軒

守倖當如守井泉聖謨戒飭立名言用之盡日應無竭取處終朝自有源礪操正宜常汲汲檢身只欲要拳拳國家厚祿能常保繼後光前寵在天

菜軒

年豊種得滿畦春一色青青四季新細葉剪來初夜韭凉風烹得早秋蓴自怜淡泊推文定獨愛清甘說信民莫道馳蹄

滋味別充庖有此不為貧

鄧林員外榮壽堂

父母安康子尚賢同榮同壽樂無偏錦袍被體居三蜀紫誥頒恩下九天入饌香甘玄鹿美登盤豐潔素鱗鮮優游偕老桑榆景鶴髮如絲任滿顛

竹菊軒

修竹成林菊正開一軒高爽絕塵埃飲餘甘谷增人壽截取柯亭愛笛材翠羽霜鋪踈影淡金錢露浥遠香來庭除但願多光彩亦任兒孫破綠苔

勝景樓

萬里乾坤百尺樓賞心玩景縱雙眸吳江霜墜丹楓冷楚澤

烟迷碧樹秋明月一輪當户潔青山幾點入窓幽無邊風物
歸吟覧何必驅馳事遠遊

虚齋

深廣無邊體太空人間萬物盡包容星辰垂拱背朝北江漢
奔流自向東耳畔有聲来谷内鼻端生白在窓中礙膺私意
須除去為學工夫要自充

蘆林鴈集

南来鴻鴈集蘆林寄跡江天足快心葉底棲身無斥影花間
刷羽遡重陰霜晴晚宿應難見月霽秋鳴不可尋待得春来
北歸去為人沙漠好傳音

世德堂

大書世德扁高堂父子相承福澤長餘慶淵淵多富壽遺安
累累樂康強禹鈞行義延清譽查道傾囊有耿光爾祖修身
能積善兒孫繼志有禎祥

觀潮圖

潮湧錢塘八月秋觀潮同上海門樓高排雪浪來還退亂蹴
銀珠散不收簸蕩有時疑地動翻騰無岸與天浮生綃誰寫
新圖畫采筆題詩翰墨流

林塘秋意圖

塘清林静池清幽條淡風烟九月秋衰老支笻從破碎徘徊
鸂㶉任沉浮西山日薄林中影近岸風生水上漚素景無邊
歸尺素情窓展玩豁雙眸

雲鶴菴

愛雲好鶴住山林結草為菴俗不侵碧落往来拖素練青山聚散有凉陰昂藏自得千年壽放逸惟存萬里心縞袂白衣同一色瑤臺月夜亦難尋

湖山清趣

瀲灎湖光入望平湖中惟有一山青峯頭皎皎孤月水底明明見衆星萬里天開霜鏡曉五更露濯玉壺清懷思范蠡知機早獨駕扁舟適性情

夢椿堂

嚴親捐館幾經年入夢容儀尚宛然聞禮依稀居膝下奉歡彷彿在樽前須教繼志光先祖只欲承家作大賢鼓角聲中

驚覺起傷心贏得淚如泉

鳧舄朝天

飛鳧萬里遠朝天彷彿王喬異世仙北上星辰猶泛泛中臨雲漢自翩翩邑庭政簡無爭訟里閈民安有管絃勸學勸農遺澤在褰旌此去聽鶯遷

晚香亭

黃花無數繞亭栽秋到幽香次第開風送餘馨窗外散日烘賸馥座中來繁葩似臘金為色細蕊凝霜玉作胎把酒東籬懷靖節南山相對趣悠哉

惠園睿製詩集卷之五

惠園睿製詩集卷之六

七言律

西崑保障

将軍掛印鎮西崑攻擊羌酋靖虜塵畧次才猷能賈勇心中智計凛如神輊裘緩帶推羊祜對酒投壺有祭遵威振遐荒功業就儀形髙閣畫麒麟

水心亭

縈環水繞一亭孤水色天光上下俱浪息一圍如倒浸波澄萬頃盡平鋪無塵湛湛開氷鏡見底明明空玉壺四顧茫然心不動只疑身在洞庭湖

題百户趙文晦文英卷

何足較莊周蝴蝶夢冥冥

一齋

立心為學貴精專天理春融得自然念念存仁師往聖拳拳守約仰先賢純誠不雜惟從正敬慎無私豈有偏誰識此中生造化厥初要妙實難言

秋聲書屋

書屋幽然天氣清蕭蕭虛籟自南生恍如驟雨從窻過渾若洪濤入夜驚筆下哦詩音淅瀝燈前作賦韻鏗鏘金商怒切呼號急雜亂吾伊月正明

歸来亭

百户趙珖致政珖有歸来自詠才士夫美其進退以

紙帳

水紋清淺製尤工數幅溪藤斗角縫晴雪滿身明皎皎秋雲一榻白朧朧瑶臺有路應須到蝴蝶無塵足可容一枕夢回詩思爽梅花香裏月明中

緑陰

萬片殘紅老不芳眼前乍見翠雲揚沉沉暗鎖琴書潤靄靄寒凝几席凉百囀流鶯深隱樹幾番殘照不過墻當時槐柳徧多勝莫遣清飈入畫堂

無題

北窻坐久一心澄默默無言體自寧天浄雲收無薄翳風清月朗見高明閑中萬慮皆消去静裏千思總不生富貴榮華

何足較莊周蝴蝶夢冥冥

一齋

立心爲學貴精專天理春融得自然念念存仁師往聖拳拳守約仰先賢純誠不雜惟從正敬慎無私豈有偏誰識此中生造化厥初要妙實難言

秋聲書屋

書屋幽然天氣清蕭蕭虛籟自南生恍如驟雨從窻過渾若洪濤入夜驚筆下哦詩音淅瀝燈前作賦韻鏗鍧金商怒切呼號急雜亂吾伊月正明

歸来亭

百户趙珖致政珖有歸来自詠士夫美其進退以

禮有始有終迭相賡和余用韻亦賦一律以書於卷云

拂衣歸隱有良田寄傲雲林更樂然採菊撫松隨俛仰尋丘經壑任盤還遺榮不在知章後辭富仍居冦準先地僻亭虛心自遠泉聲滿耳瀉冰絃

草屋相連數頃田南山佳趣正悠然黃鸝碧樹鳴還止白鳥滄波去復還亭菡亦當居客上論文也合在人先閑閑自喜心無事靜聽溪聲激夜絃

草玄亭

楊子文章冠古今墨池尚在歲華深胸中有學能諸賦筆底多才善九箴貪位只知隨賊意背恩不見愛君心如何識字

終投閹臣節寥寥竟陸沉

詠香

下簾閑閤竭精誠半縷輕烟百和成裊裊龍涎蒼霧散悠悠艾納白雲生軒庭明月秋宵静院落殘花暮雨晴餘燼寸丹光耿耿閑来對此覺心清

琴書軒

心探古調興遺經至教奇音樂性情竹簡絶文皆造妙冰絃雅韻獨含清髙山流水聽来切二典一謨見處明窮究孜孜能勉力身脩天下自和平

椿桂堂

堂開椿桂出塵氛桂茂椿榮雨露均花發中秋三五夜根回

元氣八千春久知培養陰功厚更喜慄脩德業新父子孝慈能盡道國家正爾用賢臣

桃源圖

離家採藥入天台親見桃花幾樹開仙子相迎歸洞府劉郎此去脫塵埃壺中有物延春景林下無人長紫苔歸去子孫經七代遠迷山路在難来

為善堂

東平為善非常樂善足應知降百祥大孝孜孜希舜帝小心翼翼莫文王尋思潔淨精微處脫去荒蕪滓穢腸私欲盡時天理見渾然一性自循良

君子亭

扶踈蒼玉出沅湘老榦凌雲百尺長抱翠虛心滋雨露操持高節傲冰霜一天清籟敲環珮五夜奇聲引鳳凰勁直中通渾不俗夷齊清瘦氣尤剛

南瀆廟

古廟幽深在錦城雨暘時若賴神明御碑一片留亭榭古栢千株擁殿庭沱水西来滋品彙潛江東注利羣生禱祈有感威靈遠人自安康物自亨

詠澗松

長松澗畔傲冬青千尺亭亭聳杳冥枝動虬龍移瘦影風生琴瑟奏清聲堅貞自古成材榦磥砢多年有壽齡他日終期歸大用必為梁棟在王庭

初度思親和韻

思親切切痛難禁抱恨傷懷血染襟撘府豈能忘教誨萱闈
焉敢負𦓐姙幾回戲綵空成夢一望飛雲倍感心初度今逢
憂戚甚盡將愁思付哀吟
不覩容儀今幾年生朝悲痛更悽然杯棬怕飲淳甘酒琴瑟
慵彈緩急絃泪眼流時鵤墮血紙灰化處玉飛錢劬勞難報
生成德忍見愁雲掩碧天

雪霽尋梅圖

蜜布彤雲向曉開衝寒踏雪爲尋梅一枝隱隱花繁放五出
微微香遠來詩苦不妨還自和路遥莫道少人陪浩然已得
先春意驢背歸来首重回

錦城十景

龜城春色

雲連雉堞錦官城曳尾靈龜始築城四面江山圖畫擁萬家樓閣管絃鳴紛紛紅雨殘花落藹藹蒼烟細草生二月陽和風景好金湯永固樂昇平

菊井秋香

沉沉百尺湧寒泉繞砌黃花色更鮮九月盛開如粟里三秋正茂近壺天嗅英舉子登科第飲水高人益壽年冷液分香通地脈天光一鑑自澄然

閟宮古栢

明良際遇有遺宮古栢森嚴入望中香葉蒼蒼能傲雪高枝

矯矯尚摩空棟梁國器真堪用鉄石忠心自不同比擬甘棠遺愛在邦人千載仰儀容

市橋官柳

楊柳依依拂畫橋東風來往任飄颻雕闌輕拂黃金縷石柱低垂碧玉條翠影暖藏鶯語巧綠陰凉襯馬蹄驕少城城外多春色折贈行人遠入朝

草堂晚眺

杜老遺蹤浣水邊晚來縱目興蕭然低低茅屋雲常護靄靄禪林鳥自喧萬里橋南通驛路百花潭上有漁船遺詩瀰壁傳千古猶有文光燭上天

霽川野渡

川水澄鮮一派流行人待渡立沙頭白烟隔岸停羸馬翠柳臨波覆小舟況值沉沉紅日晚正當渺渺碧天秋北來南去何時歇兩岸相親有玉鷗

岷山晴雪

突兀嵩山太白西層峯聳拔與天齊瓊林冷艷征鴻沒玉樹寒光舞鶴迷千仞巍巍明月出萬重岌岌白雲低千秋永鎮邦基固國政餘閒一品題

昭覺曉鐘

蒲牢纔擊韻鏗鏗聲徹禪林報曉晴月夜扣時心地警霜天撞處夢魂驚上方嘹喨多遺響遠道舂容正大鳴何事僧家能解悟海門風順吼長鯨

浣花烟雨

浣花溪上雨霏霏籠竹含烟趣不稀鶯友遠迷楊柳岸鷗眷頓失芰荷池微茫不見君平宅慘淡難尋老杜祠此景天成尤勝畫輞川妙筆未為許

墨池懷古

半畝方塘湛碧天子雲遺跡尚依然反騷敏捷多為賦比易精微更草玄昔漢豈能希往聖美新因此玷先賢問奇載酒成何事投閣危身亦可憐

青羊宮十景

大殿凌霄

大殿崇高接昊天乾坤獨立勢巍然銀宮金闕壇相近紫府

清都境自連脊卧虹蜺晴映日黛垂翡翠㡂生烟弘開閶闔朝元日鶴鸞翩翩集衆仙

洪鍾開霽

鯨魚一擊吐聲洪大地晴明日上東遺響春容傳法苑竒音劉亮徹仙宫牢心隱隱随殘月入耳悠悠逐便風夢覺閑開知警省能令人海發羣蒙

降生遺跡

降生有跡起何年造化鍾靈氣數先白首再來今不後青羊一出古非前森森琪樹搏清露㶡㶡神芝護紫烟尹喜道陵皆在此親傳道德五千言

太乙西池

西池澄碧近玄門不見真人跡尚有水合天光沉皓月波涵
秋影度浮雲印心湛湛渾無滓入目溶溶自有紋通透氷壺
清澈底昆明積翠不須論

藥圃春風

名圃乘春種藥時生成常得露華滋芬芬異種多琅葉煒煒
靈苗長石芝暖氣薰蒸因日照馨香浮蕩為風吹採來煉就
神丹日換骨輕身也自奇

遇仙橋古

聞説神僊遇石梁口傳心受揔瓊章卧波遠踏鼉鼉穩架海
驚看螮蝀長地迥連環分水影月明合璧映天光玉欄金柱
留題在莫使斑斑碧蘚荒

九井靈泉

仙井源泉百尺深周圍有檻護桐陰苔生石甃經千載水出丹砂抵萬金瑩潔泠泠通海眼澄清湛湛見天心玉華瓊液能延壽不使紅塵半點侵

玉磬鏘音

仙宮深處有天球僊樂鏘音正值秋昔日浮來從泗水于今戛擊在瀛洲風清洞府聲尤遠月滿齋壇韻更悠聽久心空知妙道不同入海少師流

寶藏鳴鸞

輪藏臨空近紫宸鸞聲噦噦出青雲忽看半藏是全藏纔動一輪分五輪上帝方方居玉殿羣真面面侍金門惟移電掣

風行處顧後瞻前景物新

瓊樓飛鶴

玉樓百尺與雲連羣鶴來時雪色鮮毛羽月臨偏潔白衣裳風動自蹁躚低昂清影依簾外瘦削孤形在棟前劃爾一聲天上去遨遊三島挾飛僊

題蒯氏八詠

攄忠報國

平生義氣許誰同志在操脩竭寸忠勉力拳拳期報荅小心翼翼貴謙恭數竿勁竹凌霜翠一點芳葵向日紅為國勤勞無懈怠致身常近五雲東

行義榮官

捐貲易粟濟邉廷尚義攄誠荅聖明恩渥喜從天上至轉輸曾向塞前行烏紗白紵新儀表寶馬雕鞍倍寵榮濟濟滿堂皆賀客留傳千載有芳名

廬墓思親

墓田結屋得相依埏隧幽深獨繫思目對丘園惟抱恨耳聞風木揔含悲未逢狐兎心先碎纔有荆榛淚便垂烏鳥來巢知孝感慕親似爾古今稀

施棺周貧

營棺濟衆德猶深為掩遺骸士不侵布澤渾如周麥意施恩即是脫驂心哀憐暴露應埋玉恐遇孤窮便與金惻隱端倪由此見聲名洋溢播儒林

撫孤教姪

兩兄去世隔重泉二姪雖孤有叔憐習武每教揮寶劒右文常使讀韋編相才只欲如夷簡將畧應期作謝玄撫愛情深猶己子芝蘭玉樹各森然

構橋利涉

利物功多志獨超散金積石作長橋伏波隱現黿鼉背映日横斜螮蝀腰渡水自今何用乘濟川有此不須舠行人來往歌遺愛免使褰裳跋涉勞

田園樂趣

田園有樂夢魂清富貴功名了不驚幽徑菊松親手種平疇來耜早春耕常時游涉徧成趣慎日哦吟可放情兩耳不隨

絲竹亂戛然惟聽鶴長鳴

詩酒遣情

美酒數盃詩百篇老來林下足盤旋能同賞菊陶元亮何異觀泉李謫仙玩月開懷擎玉斝看花遣興寫銀箋悠然自得其中意坐對雲山理七絃

李愿盤谷圖

隱居盤谷足盤旋有樂無央不計年望遠有時依茂樹適安終日近清泉嘉魚入饌常垂釣香稻供飡自有田理亂不知時不遇于今圖畫久流傳

詠禿筆

收得多年老兎鬚中書令已不中書空思大舜立 心帝難稱

義之大手儒無復千軍臨戰陣將添五罷痤丘墟史官幾欲
陳忠諂不用簪頭上玉除

屈原

一心梗直事懷襄放逐何為葬楚江方正潛踪尊闒茸諂諛
得志陷忠良莫言瑞世無麟鳳只為當時有犬羊一自沉埋
魚腹內令人千載詠滄浪

鷲峰精舍

茅屋蕭條數十椽清幽絕俗可栖禪看經每就窓前月煑茗
還分竹下泉止水性空因了道冷灰心定絕無玄香岩百六
機鋒在妙處忘言不可傳

雪月堂

六出花前一鑑升高堂塵遠景通明長空皎皎飛瓊屑大地皚皚瑩水晶鄭老灞橋詩思遠蘇仙赤壁夢魂驚虛窓靜坐心融化與物相忘夜氣清

來鷗亭

結搆高亭傍水濱白鷗出沒日相親只因心靜常相狎更喜機忘自不嗔晴泛波濤雲有影夜眠洲渚雪無塵忻忻似爾閒中樂江上相知有幾人

十八學士登瀛圖

盛唐學士早登瀛八直從容各盡誠草詔縱橫尤雅健屬辭敏速又精明金鑾殿上承恩渥白玉堂中受寵榮立本圖形遂良讚簡編千古有高名

天

巍巍蕩蕩體難窮品物咸亨氣變通有象有形恩最溥無聲無臭理尤公流行不失陰陽序長養能全造化工至大至高無上處都歸太極一圖中

四皓圖

遁跡商山幾度春不求聞達樂天真鬚鬢眉皓白希仙客冠服逍遥避世人義重已能回帝主心堅但欲輔儲君偉哉四老如鴻鵠羽翼翩翩萬里翥

成化丁酉七月二十七日吾母鸞輿仙去不勝痛苦終天抱恨恩莫能酬哀餘偶成五十六字以寫思慕之意云

寂寞謖堂慘白雲撫膺慟哭泪盈巾終身敢忘提携意跬步常懐教育恩目緲鸞輿安得見悲纒風木不堪聞哀情不盡心如割默默無言倍愴神

恩榮冠帶為舍人張澄題

効忠輸粟出羣倫一旦身榮荷寵恩首弁烏紗風度偉腰圍寶帶表儀新紛紛上國多交友濟濟高堂列賀賔心志誇君能濟衆更期紫塞樹奇勛

和周昂預營壽蔵詩韻

浮生在世幾春秋大器周身貴早修百歳不妨同地老一元還自與天遊遺骸已得安全計大事今成久遠謀坦坦一心誠樂矣旁人不必問行由

見機似爾孰能過動靜行藏智識多自昔來時知有自而今
夫處入無何斑然文彩歌貍豸首樂矣形骸有蟹窩洞徹本原
歸造化光陰亦任若飛梭

題醫士鄭鑑恒濟堂

堂名恒濟意尤深起死回生見本心肘繫青囊能活衆手分
丹藥不論金乾坤有象皆包括日月無私普照臨察脉通神
當體此芳名善行著于今

雲月山房

澹泊山房遠市塵白雲明月最相親影依簾幕頻舒卷光照
乾坤絕比倫素練橫拖疑百尺金波倒浸若孤輪雙眸遇見
皆成色只可自怡難贈君

成化乙未守歲吟和歸來先生韻

終日存心在聖門身居藩府荷天恩本心不失惟求理道妙難名豈在文仙桂托根傳奕葉天潢衍派及仍孫今宵守歲圍爐坐來日新年萬物春

一心

一心持守不教離萬事從天豈敢私園圃深淵魚自樂遲遠漢鳥高飛靜時沉默難容說得處歡欣只自知獨坐渾然忘物理正當秋月照芳池

雲鶴軒

孤雲縹緲繞軒楹野鶴相親悅性情萬里飛揚遺片影九臯嘹唳解長鳴或舒或卷安能定常去常來了不驚聚散半空

同一色蹁躚最愛羽衣輕

松風亭和歸來先生韻

手種青松已作林風來松杪有餘音蕭蕭自得其中意簌簌誰知格外音夜到枕屏能爽夢秋生窓户觧清心久聽不是笙竽類好似南風觧愠琴

和歸來先生七十自壽詩韻

歸來叟雖為武臣實文儒也近侍王父王兄至余歷三朝先後三十年余念叟克効忠勤老之將至賜叟衣食用周其身此我國家重老尚賢之心叟年七十自壽有詩因和一律以壽之

七旬高壽世應稀喜爾今年亦至之溫潤紅顔渾似玉蕭騷白髮已成絲精神強健何須杖步履安詳不離規理事融通心自化鑑空水止絕無疑

梅雪亭

六花色映五花鮮潔白孤高趣澹然吟到灞橋晴策蹇興來剡渚夜乘舡寒威凜凜三冬後春意生生萬木先心境虛明同一體清光都在小亭前

皇華使蜀題貴進士卷

使星萬里出神京馹騎西從蜀道行麗日煌煌明綉服和風蕩蕩裊華旌九天傳語垂恩渥一國生輝被寵榮回首又趨雙鳳闕一鞭行色短長亭

費氏孝友堂次韻

新築高堂五福臻彝倫風俗早能敦夜同姜被兄留弟春戲萊衣子奉親同壽椿萱根自固聯芳荆桂葉常新一門孝友人難及令器成名作藎臣

菊松精舍

一籬黄菊數株松精舍幽深迥不同夭矯蒼髯千萬葉芳鮮玉蕊兩三叢屈平飡處香含露弘景聽時韻協風最愛傲霜心不變大夫曾見受秦封

萬玉亭

貧簹前後十千竿滿目扶疎最好看風動半空鳴珮玉月臨一榻近琅玕撲簾嫩色蒼烟冷匝地清陰白晝寒歲暮經霜

存大節虛心日日報平安

詠雪和歸来先生韻時成化丁酉歲嘉平月也

六出漫空瑞帝家瓊瑤樓殿絕纖瑕紛紛堆積當階厚片片飛揚入座斜繞見九霄飄玉屑翻疑滿眼是梅花賦詩酌酒梁園夜同樂君臣賞物華

陽消凝結到寒陰瑞雪飄來快我心能使層簷氷作節盡殺大地玉為林寒光凜凜偏侵面冷氣凄凄自入衾三白始知先有兆来年秀麥抵南金

再和

飄飄飛落萬人家一色長空絕點瑕散漫撲簾偏潔白繽紛帶霰尚欹斜瑤階遠映森瓊樹玉殿平鋪見粉花呵筆寒窓

頻覓句賞懷不負好年華
冷極方知夜積陰雪花獨露歲寒心巍巍樓閣瓊爲瓦蕩蕩
山川粉飾林有影水晶堆出几無聲雲母映重衾子猷乘興
今何在朋友交情值萬金

復和

八荒恢廓總爲家片片飛瓊豈有瑕萬里輕明光照映九霄
散漫影横斜人心有喜宜三白天意無言兩六花光透書窻
披斷簡莫教兩鬢點霜華
沉冥清晝布濃陰纔見先天太古心矗矗華居成玉舘森森
喬木變瓊林冷光尚映觀書幌寒氣偏侵在客衾連夜積、乘
盈一尺孖闌雲母勝於金

詠氷和歸来先生韻

積陰時節已堅疑寒夜稜層即有氷一片光浮銀潔白五更凍合鏡鮮明賢君渡後河應泮童子敲來韻可聽玉井于今好収貯要令六月辟炎蒸

癸卯元日

朝退天光喜晴霽曈曈瑞日映朱門五更已是三元首一氣能回萬物春梅有餘香墻外度燕傳新語殿頭聞自書帖了無餘事宇宙從容自在身

和歸來先生七十三歲吟

耳目聰明始是男心常主一不容三青春易過年如天黑髮俄驚雪滿簪道體乾坤應自識理原性命與誰談文章獨許

昌黎伯下筆能無大小㣲

春融堂

熙然本體自冲融元氣盈盈小室中窓外虛明延瑞日坐間和氣靄仁風純公卓爾同顏樂周子溫如繼孔宗接物待人俱合度從容不迫德含洪

静寄軒

一生隨寓且優游小小軒居境最幽来往無拘松頂鶴浮沉不定水中鷗紛紛萬事皆休歇蕩蕩微軀得自由力學能知歸宿處不妨人世蹔相留

春芳亭

萬物生生總是春眼前花柳一番新林花着雨胭脂濕岸柳

含烟翡翠勻風景無邊逢禹日太平有象見堯仁千金一刻眞堪惜春色三分在二分

溪山小隱圖

淺淺清溪小小山溪山幽僻隔塵寰青松幾箇開三徑白屋數椽臨一灣浪起忽看金鯉躍鶴歸時引白雲還抱琴喜有知音至謾撫冰絃一解顏

清軒

城外一軒境幽致俗塵渾不到軒楹隱之飲水全高節揚震辭金著美名警露夜凉聞鶴語響泉秋靜奏琴聲滿輪月映方池水皎潔泠泠照眼明

悠然亭

心遠由來地自偏齋居虛敞近林泉洋洋潑潑魚行水蕩蕩
翩翩鶴戾天詩和淵明還有趣道探孔子欲無言南山坐對
無塵雜采采黃花滿目前

東軒對雨

時雨當春滿錦城知時應候愜民情田園處處皆經濕草木
青青盡發生入眼霏微滋竹檻隨風細密洒雲屏宴閑坐對
東軒下到晚天開始見晴

東白軒

軒庭長夜尚冥冥日出東方白易生擬馭行空騰焜燿銅鉦
掛樹照精明漆園傲吏心虛景赤壁仙翁夢覺情烏鳥驚飛
鷄振羽一觀天下喜開晴

池草亭

夢中池草色青青謝氏連枝好弟兄靈運天倫同一氣惠連友愛托深情吟春刻苦詩難就會面新奇句即成新結小亭臨活水前賢可得與齊名

敬愛堂

堂名敬愛樂雍雍愛在嚴親敬在兄飲饌旨甘能孝養衣裳温煖盡寅恭生枝俯仰如橋梓飛影聯翩類鴈鴻雝睦怡愉敦薄俗一門和氣靄春風

春風亭

春風温煖晝遲遲萬物咸催豈有私醫草再看生育處吹花又是發舒時光庭移揚常隅坐曾點浴沂曾詠歸和氣薰蒸

成德後長氏輔世有施爲

插花吟

爲賞韶光酒一卮呼童瓶内插花枝也知富貴一年景都在繁華三月時造化自然無欠缺精神妖若正芬菲好花只恐離披去留戀青春且莫歸

高逸亭

燕居求志住林泉事不驚心得自然晦迹也能忘世慮藏名亦任樂吾天題詩窓下雲隨筆燒藥爐前鶴避烟冊認來徵渾不起東山人羡謝安賢

清趣軒

軒窓閒敘趣尤清對景無言悦性情潦盡正宜秋水碧烟消

更愛晩山青白雲散去渾無跡緑綺聽來不在聲靜地無塵賓客少松林時與鶴同行

老松恠栢啚

色變形枯歳月深欹斜老恠不成林搓牙尚有嚴霜操剥落猶存太古心露葉豈能留鳳宿風枝不得作龍吟參天拔地凌雲表並立亭亭數百尋

水木居

城西地僻可成家繁木參天近水涯一派縈紆常瑩潔千章蒼翠有英華青青密葉張雲幙浪浪寒波捲雪花情性優游忘世慮蕭然門逕寂無譁

山雨樓

前山細雨暗高樓漠漠溟溟晝不收樹挾清聲來嶺外雲拖黑氣近峯頭消除煩熱無三伏自有新凉若九秋萬疊芙蓉宜靜對堆螺晚色翠如流

味菜軒

雨餘青翠摘芳叢盤飣柔蔬足可供食處甘香充腹內烹來脆美出庖中信民自得清寒意張翰能無富貴風縱有膏粱難及此養廉要與古人同

思孝堂

手澤空存不盡思終天抱恨泪雙垂羹墻見處心悽切風木聞時意慘悲為喜豈無毛義檄承歡徒有老萊衣親恩罔極知難報念慕懸懸十二時

望雲思親

白雲飛處念吾親身在他鄉越幾春雙目懸思隨縹緲寸心牽恨逐氤氳從龍靄靄陰常聚伴鶴悠悠影不分何日歸寧拜家慶高堂上壽醉芳樽

知止堂

一旦知休去宦途投閑今日樂真吾子房棄職尋黃石賀老知機入鑑湖便與松筠常作伴豈無詩酒可為徒凝塵滿席人稀到右有義文左有圖

問奇軒

字原要妙在咨尋方見前人義理深鳥跡欲知蒼頡意蝸文當識伏羲心蛟鼉斫斷憑孤劍鸞鳳飛翔抵百金載酒人来

頻說與子雲名譽重儒林

清碧軒

秋深江水靜泓澄雲影天光近短櫺湛湛正當開寶鑑消淆更好濯長纓絕無塵滓初心淨久息風濤本體明一色如苔沉見底幾回飛鳥度空屛

時思堂

時思名扁揭高堂孝子思親不暫忘春雨沾濡增怵惕秋霜凛烈動悲傷儀形儼雅懸心上笑語從容在耳傍只有哀情終不盡滔滔逝水逐長江

清世

清世從容不受拘在邦樂道自怡愉靜觀小沼澄秋水閑愛

浮雲散碧虛萬世傳心惟舜禹百年正學仰程朱昭昭此理全無隱今古相同豈兩途

世美堂

故家世美有高堂奕葉相傳百代芳祖父蟬聯官禄厚子孫瓜瓞慶源長烏紗象簡沾恩澤紫綬金章有寵光一氣所鍾能芘覆儼然位望久彌昌

夢鶴亭

我與仙禽最有情良宵入夢甚分明幾時別去今相見萬里飛來白不驚久鍊丹砂千歲壽上聞碧落九臯聲一從赤壁舟中過惟有坡翁識信名

惠園睿製詩集卷之六

惠園睿製集 七之十一

惠園睿製詩集卷之七

七言律

蒼雪軒

萬箇琅玕手自栽紛紛蒼雪一軒開清風過處涼侵座好月來時影覆階冷淡冥冥迷皎皎扶踈黯黯失皚皚寒寒已有堅貞操終日虛心不染埃

天香室

深山千尺天香樹鼻觀潛通靜室中悞嗅旃檀含曉露疑聞薝蔔帶秋風六根斷去皆知幻三昧存來得混融天女散花金布地色空空色色非空

槐陰書舍

舊植三槐歲月長槐陰地僻構書堂凉生几席玄雲擁密蔭簾屏翠幄張架揷鄴侯千萬軸眼觀應奉兩三行宋賢景叔陰功厚百世雲仍遠播芳

江聲月色樓

秋水泠泠秋月明無邊景趣入簷楹平鋪雪練一千里正滿氷輪三二更夜吼蛟龍孤夢破曉来風雨寸心驚取之無禁用無竭高卧樓中愜性情

留耕堂

積善尚存方寸地惠人及物見深情施仁自此流餘慶尚義還當得大名好學東坡施惠愛要同馬默廣全生丁令種德冥冥裏遺與兒孫久遠耕

醒心亭

凝然方寸要醒醒不使昏沉怠惰生絶翳月光常皎潔無波水色見清澄一誠不妄惟存正萬慮全消得自寧林外小亭塵不到烟雲散盡景空明

薝蔔堂

天姿六出近禪林淡素新粧俗不侵葉護幽花開白玉枝垂嘉實綴黃金馨香已自通僧鼻意味應知見佛心聞說山房最清致路迂不得一來臨

蘆軒

蘆花洲渚對幽軒兩岸漫漫淡素天捲地西風晴散雪連空遠浦冷飛綿難尋玉鷺應無跡不見瓊鷗正穩眠葉密枝繁

霜後夜無窮秋思滿吾前

晚翠軒

靡同衆木最超羣久歷氷霜数百春千尺正榮柯愈勁四時不改葉常新深冬寒影團蒼霧長夏清陰擁綠雲君子一朝臨利害能持節操異常人

橘隱

幽人種得千頭橘小隱山莊足退藏珠顆葉中含曉露金丸枝上飽秋霜屈原有賛文章爛陸績懐歸孝義長惟愛中黄資質異天寒歲晚有餘芳

宜晚軒

翠屏尚面勢清高晚對林巒景物饒萬仞層層青接地兩峯

岌岌碧連霄陳摶太華睡偏穩安石東山老亦豪身得幽閑
心愈静紛然動者亦徒勞

白鷗軒

静地開軒近水濵白鷗但見日相親機忘泛泛常能狎意遠
飄飄更不馴出沒風濤璚有色往来沙渚雪無塵結亭也有
韓公志出處終期作相臣

雲半間為僧題

茅屋難容占白雲白雲與我要平分常依木榻無塵雜每讀
繩床絶俗氛素色暎天甘澹泊清陰垂地自絪緼紙窓啓閉
從来去贏得閑身日日親

巖壑深居

萬壑千巖屋數椽深居簡出自怡然子真谷口稱高士李愿
盤中是大賢 齒齒亂堆多有石滔滔不斷暗通泉麋鹿猨鶴
常為侶扶杖行吟任往還

子昂松石脩篁圖

長松鬱鬱依奇石脩竹青青共歲寒想有千年金琥珀不殊
萬箇碧琅玕巉岩虎狀秋江骨奇峭雲根雨蘚斑宋室王孫
前學士隱中圖畫世人看

海山秋色圖

海上青山列數峯山含海水帶秋容烟籠碧樹微茫外霞映
丹楓慘淡中聳拔雖高從地起流行不息與天通底須更入
鮫人室窓下披圖興亦濃

思政堂

勤政孜孜有所思東方向曙早朝時姦邪誤國當除却賢俊進時可薦之海內只期興教化民間須得樂雍熙唐虞稷契商伊尹一念惟公豈有私

木芙蓉

芙蓉產陸出新粧獨占三秋殿衆芳丹臉偏宜經烈日絳囊元不畏嚴霜胭脂不減水中色錦繡渾如沼內香一樹繁開真可愛木蓮名重借春光

蜀城秋望

雨霽天高秋氣清登高望遠上層城雲拖淡影來平野鴈帶寒聲落遠汀堆玉一叢滋露菊垂金幾樹綴霜橙微茫碧水

青山路萬里悠悠接帝京

八月十六夜月

月湧氷輪烟霧收今宵可愛又登樓人言最好五三夜誰信還堪二八秋庚亮興来成麗句謫仙問處醉金甌嬋娟未必全分減一點清光照九州

清心亭

湛然方寸要純清洗濯時時欲不生須使端莊常靜定果能振拔自精明默觀堯典全斯德親對湯盤味此銘事我天君常克敬一沚不雜在存誠

仙洞插雲

洞府雲深足寄踪往来不許俗人通溶溶留住吟窻内靄靄

依隨坐榻中信遠豈無青鳥至路平寧有紫苔封飛揚變化
雖無定冷卧衣裳淡影重

高士軒

孤高自有古人風白石清泉足寄蹤曾問征夫陶靖節不交
俗友陸龜蒙滿床但喜堆圖史三徑寧容少菊松無束無拘
超物表休休無日不從容

冰玉堂

瑩潔寒冰兼白玉無瑕表裏喜雙清冷光自是常澄徹素質
還能得粹精比水更寒心不染出山待價體尤明請看消盡
京塵渴瑚璉應知器晚成

拙齋

終朝緘口似愚癡用拙平生不作奇乞巧何須言子厚守誠只合仰敦顒不誇蹇兎營三穴可愛鷦鷯占一枝簡靜深居惟朴直身安心淡逸無機

退齋

小齋名退還自宜不休不止將安之辭榮惟慕錢若水上表必期司馬池三年遇閏黃楊縮千里逆風青鷁飛欲為君子必謙下人生在世當知機

方塘書舍

方池池上結書舍為愛澄鮮池沼深常喜清明如鏡面更宜靜定空人心三秋霧斂天光發五夜雲開月影沉賴有源頭來活水流行不息古猶今

詠風亭

浴沂歸去詠春風之子希曾志亦同天理昭明何欠闕化機流動自融通襟懷洒落常無束氣象從容喜合中取說舍狂歸聖學渾然一貫是全功

紀夢

悠然一枕臥齋東形閑蘧蘧睡正濃心慕高宗逢傅說志期宣聖見周公神交正在杳冥際意適還於恍惚中覺後燈殘秋夜永譙樓又送五更鐘

慶老堂

慶老華堂在壽鄉年高體健等陵岡惺惺令見一頭雪速速先增兩鬢霜台背好如劉刺史龎眉堪比鄭滎陽管絃聲奏

瓊筵上賀客同稱九醞觴

秋雲

淡淡秋雲一片輕白衣舒卷近天行纔遮碧樹陰猶薄又落青山影自清反復謾言同世事變更莫使似人情南樓觀處堪怡悦得趣誰知道眼明

艮齋

安止時時道義親齋居名艮貴常存正宜静定渾忘我但覺融通不見人明鏡皎然無薄翳太空廓矣散浮雲巍巍不動如山重常事天君一叚真

西樓

虚敞西樓快一登朝来爽氣逼人清月生五夜飛寒鏡雪積

千年有素曾避地少陵存舊宅籌邉德裕著高名欄干獨倚雙眸豁鴻鴈拖秋落遠汀

閱古堂

觀覽前賢往聖書坦明吾性復其初葩辭句句存風雅竹簡篇篇載典謨道味九籌箕子範理探一畫伏羲圖不須先後分今古必使人心要合符

懷賢

去世大賢千百載于今念念獨思之贊襄可信皐同益輔佐當稱契與䕫韓子泰山增氣象延平秋月好襟期西銘一本萬殊理細讀微言是我師

来風亭

南薰鼓動自長天輕透絺衣過小軒康節稱情生水面陶潛快意入窓前有時蕩蕩能吹彼幾度悠悠更洒然養物阜財還解愠和鳴清籟奏虞絃

中秋無月

今夕頑雲忽爾生柰何掩閉月華明濃烟沉沒銀蟾影黑霧深藏玉兎形恐見乾坤俱是暗其知風雨不開晴凭闌寂寞空惆悵未遂登樓庾亮情

余謁東景山　兄王寢園過承旨宋潛溪之祠歸来叟以微恙不能同行余回以詩来進用韻荅之時成化乙巳歲仲冬之二十五日也

東山山路正遙遙穩坐驊騮不憚勞淡淡薄烟籠樹杳踈踈

遠草接天高兄王厚土千年固内翰椎才百世豪出入鑾坡
經幾載皇猷黼黻喜相遭

觀道吟

五星燦燦聚奎垣吾道千年又復傳周子有圖開後學純公
定性示微言阜比撤去心飈矣門雪深時禮肅然南渡以来
豪杰出紫陽朱子冠羣賢

賜左布政使潘禎致政南還

才華洶洶獨超羣投老林間樂此身栢府司刑清似水薇垣
宣化煖如春舟從錦水開闌棹路指廬江望岳雲不夕聖朝
應有命再来川蜀撫斯民

賜右參政王宗彝赴任河南

紫鳳啣書下玉京撫民才大任非輕蜀中老稚纔蒙化宇内
黎元舊識名此去薇垣重布德于今聖世濟昇平竚看復上
天庭日 都憲仍因不次陞

賜潘少參琪之任江西

登名黃甲際明時敷政薇垣早有為風俗頓令還朴實黔黎
會見樂雍熙心存康乂希伊傅志在忠良儗稷夔此去西江
宣德化經綸手段再重施

賜孫侍郎之京

烏臺莅政絶無私一旦登庸上玉墀輔弼謀猷同稷契經綸
事業繼臯夔已知今日臨台斗定見他年著鼎彝地位清高
居寮近致君堯舜復雍熙

賜左長史蕭用平受中順大夫致政還西江

居官謹厚侍吾藩鮮組于今返故山金帶腰圍時貴重錦衣身被晝榮還二疎名內堪同籍九老圖中可列班白石清泉從笑傲悠悠天地自寬閒

賜右長史應行致政還常州府無錫

詞源浩瀚冠時髦輔導清勤重節操四品榮恩辭錦里一帆高掛駕蘭橈瞿塘峽古題新句彭蠡湖平息怒濤歸到故園尋舊約笑談往事醉香醪

和員外周從時韻二章

光華日月九重天繼統仁君五位傳萬姓山呼朝帝闕千官虎拜被爐烟重開景運承天托握轉乾符治世權三代于今

重復見雍熙風物太平年

哭大行皇帝

秋陽黯黯失光輝

聖主昇遐

詔疾飛宗姓藩邦思不返生靈天下望難歸沾濡德澤應無極渙汗綸音尚有感翹首　北宸頻注目愁雲慘慘日熹微

賜紀善何璧致仕東歸

敬侍吾藩已有年投閒今日便歸田擲簪請老知機早辭禄還鄉遂意先適興秋看天姥月放情春泛鏡湖舡從今林下優游樂詩酒消磨歲月延

葵心軒

軒爾葵心志不同兄王洒翰寵恩隆藍含金粉光風裏色瑩丹砂瑞日中錯認芙蕖新換種悞疑芍藥又分叢慇懃報國推才智人比名花克盡忠

弘治改元

寶曆初頒萬國尊紀元弘治樂昇平飛龍九五當堯世鳴鳳千年集舜庭玉燭光中民皡皡春陽影裏物生生履端恭祝聖皇壽瑞靄氤氳滿太清

元日寫懷

聖賢事業未精純虛過年光三十春志篤無他尊孔學心存不雜學顏仁但期至理身前悟敢望浮名天下聞芳草一庭生意足翠痕即此見羲文

戊戌年中秋十四夜和韻

碧落風高見兎精娟娟萬里最分明雲開玉宇渾無翳露滴庭梧若有聲何事人間常見缺從来本體莫知盈光浮如水清堪掬不覺揮毫發浩吟

康壽堂

大書華扁名康壽錦里堂高即壽鄉不老童顔紅似玉盈顛鶴髮白於霜新烹翠釜紫駝美滿泛瓊杯緑醑香鳩杖不扶筋力徤已過六袠體尤强

翠筠書屋潘雲欒

翠筠深處結書巢地僻無塵遠市囂風過聲敲蒼玉珮月来影落朶鸞毛韋編三絶應無倦蠹簡頻翻豈憚勞雲雪鬢霜

存節撡歲寒不棄舊相交

朝回清興

曙色初分退早朝曉天清露濕宮袍龍旂影動陽烏出寶殿光浮凍雪消羲畫玩時心自契舜琴撫處手親調要知聖聖相傳授誠立明通理趣高

懷德堂

為臣念念只存忠本體虛靈義理充一寸良心似秋月滿腔和氣藹春風彬彬文采形諸外烱烱精英積此中天性渾然純不雜服膺勿失貴謙恭

忠良卷

平生義氣出天然睿筆題詩寫錦箋進諫委身應不後納忠

盡瘁獨居先周還翼翼恒存敬動履兢兢克尚謙紫閣彤闈常侍從李昇鄭衆共稱賢

霜天聞角

畫角秋鳴霜滿城夜寒聞處寸心驚悠悠耳畔悲淒意切切窓間斷續聲烟散五更風力勁天空一片月華明軍中常得司昏曉守戍征夫倍憐情

池亭避暑

天地為爐苦不禁乗凉来到碧波潯驕陽烈烈方蒸石老火炎炎正伏金白羽不揮閑几案清風徐至透胸襟孤亭獨坐消長夏一曲南薰解愠琴

琉璃簾

高懸宜在殿中間爍爍能生白晝寒表裏不殊青翡翠玲瓏
都是碧琅玕宮梅灼灼當窓見禁草菲菲隔座看金玉珠璣
堪並此通明景象出人寰

遊杜工部祠

來訪城西老杜祠經綸心志未曾施體兼諸子才尤大賦獻
三篇語自奇道出秦川遭喪亂客居蜀地遇顛危忠君愛國
詩成史風雅遺音足可追

竹茅精舍

誅茅剖竹為精舍僻地無塵景最幽翠色萋萋常浥露綠陰
密密只疑秋不論浣水新成屋謾說黃州舊有樓留坐賓朋
神思爽色侵酒斝與茶甌

睡起吟

幽淡南窓睡起行一庭意思草青青方塘水止風初定遠漢雲開月正明有得性心俱合道無言品物自流形淵深理學還當踐静一端莊想二程

峩眉圖

峩眉山險倚青天北麗崔嵬鎮蜀川银色界中光自象金剛臺上景無邉娟娟月出明如鏡緲緲雲飛白似綿夜静無人聖燈現餘輝遠照殿堂前

白蓮

瓊葩初出水中央渾似湘妃倚素房银橐歆斜常不染玉簪寂寞豈須粧月來池上應同色露浥花心別有香一自濂溪

留說後至今道妙莫能藏

古翁龍

筆端揮洒趣尤新貌出蒼龍宛似真頭角軒昂藏霧靄爪牙奮擊有風雲蹁躚變化能無跡矯矯飛騰若有神行雨在天恩澤溥能令大地物皆春

海花

清奇破臘一枝新漏泄乾坤有脚春竹外風來知氣味隴頭雪壓見精神冰肌獨占百花首素面全無一點塵冷淡孤山明月夜冒寒忍凍有詩人

紅梅

滿樹江南春信花如何燦爛變流霞誤疑唐苑諸生宴錯認

瑤臺阿母家自喜氷姿含絳雪誰將玉骨換丹砂逋仙老眼無令古春夫冬來幾歲華

病中遣懷

蕭然獨卧南窓下世事於心了不驚黃帝遠傳方豈効維摩尤自病相縈辭枝片片閑花落近殿關關好鳥鳴強起豁開觀物眼一庭草色自青青

賜封監察御史前良醫温彥中壽九袠

閱世悠優九十年延長鶴壽許誰先豸冠綉服人中瑞霜鬢童顔地上仙盛矣一門榮顯寵誠然五福緫兼全兒孫上壽賓朋賀鎮日從容醉綺筵

北窓

北窓一枕夢初回細細清風拂面吹動靜要知循矩度行藏不必問蓍龜淵明半世常酣酒和靖平生只愛梅閑靜從容無世慮香焚石鼎晝簾垂

瑞應爲德陽知縣吳淑題

治化敷宣大有爲兆符百里自神奇粟榮平野呈三穗麥秀高原盡兩岐己見禎祥叹信史只因德澤惠當時超遷補內承殊渥鵠立鵷班侍乇墀

學宮重建賜溫江知縣李裳

歲久黌宮己廢湮于斯鼎建重彛倫殿庭洪敞超先代廟貌巍嚴又一新才並仙居陳述古志同襄邑范純仁延平後裔家聲大振起儒風遠近聞

安成劉氏家藏范德機候官遺稿

歷官閩越留遺稿翰墨淋漓更爕然珎重已傳三兩世家藏有待數千年楷書端直方圓勢詩律渟和正始宣慱學多才劉氏子尚文好古仰先賢

漫成

閑處閑吟聊自適芸窗半榻樂生平光芒尚有孤椎劒爕爛常覩一短檠處世也知如過客爲人何必苦勞形悠悠已識人間事自覺年来心自清

歲月頻更不可留空懐往事更悠悠一輪明月窺千古萬頃清波遶十洲夢蝶莊周隨物化騎鯨李白與天遊捲簾拭看無心物一片閑雲得自由

師古堂

堂題師古志彌堅左有圖書右簡編一與三謨尊大法九疇八卦究眞傳觀瀾須識軻談道逝水當思子在川從此虔虔應不息希賢希聖復希天

筆意軒爲叙南畫史孫縉題

胸中意思皆天趣筆底能藏造化機寫出江山新氣象圖成賢聖舊威儀有唐不異王摩詰大宋還同李伯時石室家聲馳蜀右入神玄妙總精微

冬至

循還天運自流行陰極于斯氣已臨七日亨時推復卦一陽動處識天心閉關此日先王理玄酒當年邵子唫默坐東軒

無雜念端莊鎮靜滌煩襟

静志軒用徐宗敬韻其人善畫

静裏心存思入神能回造化筆如鈞愷之玄妙應同輞摩詰精微尚亂真流動天機還自得經營規度絶纖塵無聲詩向毫芒泄變化難窮幅幅新

丙午年病中述懷

多病年来惟服藥西風又早入秋堂添衣畏冷知身重扶杖徐行力不強代謝時光容易過紛紜人事任教忙浮生處世真如夢卧看東籬菊半黄

形骸抱病精神減悄悄東軒絶點塵葉落池塘秋有跡風吹簾箔浪生紋匣中怕對菱花鏡窓下難觀蠹簡文事少於心

常不稱惟將藥物日相親

山秋不見月

陰晦今宵陡變更秋天鬱鬱未開晴雲埋不見嫦娥面雨阻難舒太白情倦飲那堪覓欲斷朗吟自恨句無成長風若肯驅陰翳依舊清光又滿盈

夜坐

挑盡寒燈午漏遲怡然獨坐自相宜有為須到無為處多語何如不語時顏子齋心還為己孟軻養氣可為師拳拳無失能操守終始常存不肯違

寒江獨釣圖

漁翁垂釣在滄浪萬頃烟波自渺茫鼓枻高歌霜月浦扣舷

清嘯水雲鄉得魚沽酒情堪放橫笛推蓬意最長青笠綠蓑忘寵辱任他塵世利名忙

和趙文晦九日寫情

蜀城風雨又重陽木落空山有蕭霜佳節開懷惟飲酒釆毫對景自成章持身慄慄還加謹力學乾乾欲自強秋景一天蕭瑟裏枯荷失翠倒池塘

蜀城風雨又重陽颯颯清飈入户涼酒注盃深陶令醉風吹帽落孟嘉狂天邊鴈過橫排字籬下花開正傲霜髹几獨凭心自勉無邊佳趣有詩償

蜀城風雨又重陽浥露山林草木荒節到品題惟翰札情多出入在文場江邊碎錦楓林赤籬外攢金菊逕黃坦坦此心

無所慮惜陰勤學是尋常

蜀城風雨又重陽風送天邊鴈字長心地昭融原不暗情田澡瀹豈容荒孔明佐漢木為馬曹氏藏書石作倉露冷氣清雲影薄盤桓花下倒壺觴

蜀城風雨又重陽遠望雲連草樹荒霜壓蘆花難辨色風吹菊蕋自生香思尊張翰歸情切存節淵明志愈剛最喜晚山如畫出一天秋意不曾藏

蜀城風雨又重陽霜肅淒淒草自荒雲散長空鴻影薄風生老樹鶴聲長池蓮碎錦應無色籬菊鋪金自有香獨坐南山吟坐久滿斟綠酒足徜徉

蜀城風雨又重陽歲序循環轉素商滿徑鮮鮮黃菊綻堆盤

馥馥紫萸香伯淳性定如泥塑顏子心齋却坐忘遠望長天
秋色老風來庭户自生涼

蜀城風雨又重陽獨坐青繩六尺床白玉杯中浮舊醑金花
箋上寫新章尋探道學終須得讀誦經書定不忘最愛籬邊
佳色麗露滋秋菊十分黃

蜀城風雨又重陽梧葉蕭蕭落畫堂元亮應多千本菊孔明
惟有百株桑紛紛赤葉盈階積細細瓊花泛酒香坐久始知
涼思爽西風送冷透羅裳

畫馬

何人秃筆掃驪黃天上星辰獨應房將躍尚銜蒼玉勒似生
猶控紫絲韁尖尖兩耳銛錐立炯炯方瞳夾鏡光骨格入神

真好手信知韓幹世無雙

辛亥除夕

守歲今宵殘臘盡循環一氣轉乾坤燭花頻剪光盈室爐火重添煖襲人學古豈能虛歲月希賢只欲契閑闇更深四鼓渾無寐坐待天明是早春

中秋月

倚闌待月出林端輪滿無虧兎魄圓愛此幽期尤不寐何妨清賞再遲眠昭明已在洪濛裏光彩真超太古前皎皎與心惟一色放歌端不醉華筵

得經南還為雲南僧明景

滇雲飛錫過蓉城為取如来大藏經玄奘昔曾求正法更生

又復得宗乘談空頓悞真空旨析理多緣至理明去路西南
舊来路繩繩要續祖師燈

夜坐偶成

沉沉玉漏夜初長剪燭東窓閲典章用志不分求至道安心
無雜是良方當年程顥如泥塑昔日顔回已坐忘月照梧桐
清淡處光陰今夕不尋常

秋空

秋空寥廓白雲低蕭颯涼飈漸切肌幽興無邊因我寫好懷
不盡許誰知或歌或笑皆居正時止時行揔合宜朶朶黄花
香滿袖點頭自得步遲遲

甲辰元日

朝回猶自正衣冠天氣晴明慶履端謾說綵幡兼綵勝旋將
春菜薦春盤意留方冊還頻覽心若清氷得自安萬物發生
春有象生生都在静中觀

詠走馬燈

蹴踏奔馳繞火城將兵人馬逐宵征綠烟影裏霜蹄疾紅焰
光中鐵騎輕還轉莫言今有力往來欲聽却無聲也知無勝
還無敗燼落干戈息戰爭

三仁和韻

殷室三仁秉寸衷扶危隱遯志皆雄或生或殁惟存義時止
時行在合中忠諫亦知扶國政直言自任代天工公孤元子
心同道卹典輝煌萬古崇

庚戌元日

自書門帖握唫毫景象精神物色饒蕩蕩仁風宣八表霏霏甘雨降層霄梅顒傳粉猶含露柳眼窺春未放條氣轉洪鈞開泰運已知今日足三朝

暮春久雨

久雨淋漓遍錦城積陰不鮮物難亨九春好似三秋景一月渾無五日晴鐵騎簷前常有影金烏天上久藏形不時不止頻頻耳滴滴空階助葉聲

春夜聞雷

雷霆虩虩猋然鳴春盡纔聞百里聲從此魚龍皆蟄蟄而今草木自生生静中已見陰陽理震處無非天地情遠近于斯

俱猛省雖然轟烈寸心寧

早梅

萬卉凋零委路塵一枝初放最清真胚胎已具先天氣吐蕚能開十月春雪壓前村冰作體月臨深夜玉為魂凭闌靜對幽然處這種清香正可人

紅梅

凌寒開向小窻下艷艷韶光入眼濃骨換丹砂移素質臉凝春醞帶芳蓉迎霜凜凜色還重含霧幽幽香自充不是天台山上樹遊人錯認路難通

老梅

老樹槎牙已十尋莓苔惟見日相侵孤根累歷冰霜久直幹

頻經歲月深雲雪多年常不改嚴霜鎮日尚能禁枯枝猶自傳春信冷蕋先回天地心

踈梅

青帝留春還有意踈梅的皪感年華如何僅有兩三葉最愛只須四五花風度細微香馥郁月來清瘦影橫斜籠烟罩霧氷姿異猶向林逋處士家

探梅

忍凍衝寒過石山蹇驢踏雪未消殘為尋清淡寒英去不畏崎嶇遠道難通鼻清香来嶺外凝眸春意滿人間呼童攀折一枝玉歸揷銅瓶子細看

蠟梅

不御鉛華別樣粧羅浮仙子衣輕黃雨滋蕚蒂金爲蕋露浥花心蜜作腸獨占中央含正色迷飄風大地散清香自從山谷留題後名到于今重洛陽

盆梅

聊寄孤根小瓦盆短枝冷笑最精神蕋珠仙子含清韻姑射真人絶點塵雨後葉鮮蒙造化臘前花放見陽春頻觀只爲心如鐵書几吟窓日日親

落梅

東風一夜悴南枝曉起推窓獨亂飛殘玉飄窮芳樹瘦碎瓊凋盡碧條肥謾看片片辭柯處都是生生結實時待得他年膺大用調羹鼎鼐上彤墀

和余少保士英司農塞北自述詩韻

旌旗百萬鎮幽都報國丹心一寸孤手握兵戎天下少身兼將相世間無羯胡種類期消滅聖主綸音遠誕敷懋績豐功名大振邊疆自此展全圖

運籌破虜立風謦從正何須竄減添虎峪口前雲黯黯鴈門關外草纖纖甲兵堅利惟思勝號令嚴明不久淹叅佐細論邊務事斜陽倒影射鈎簾

戰陣歸來且自遊城西晚上戍邊樓將兵稚傑人思奮用武神奇虜盡愁破敵皆知才最廣成功已見智偏優干戈一洗能安國手挽天河水逆流

題費進士皇華使蜀

使星萬里出神京駟騎西從蜀道行麗日煌煌明綉服和風蕩蕩裊華旌九天傳語垂恩渥一國生輝被寵榮回首又趨雙鳳闕一鞭行色短長亭

一白處

青黄紅紫不到處一白寥寥體自純太素天中晴霽雪無塵地上境生銀渾融内外應忘我明潔方隅不見人造化無窮從此出考亭夫子有箴文

壬子元日

梅花院落曉風清元日天開景象明仙木舊傳知是幻椒觴浪說豈延齡人心共賀春為首天道無言物自亨默向静中觀至理生生不息自流行

賜巡撫都憲何鑑

間世才華冠等倫薇垣宣化萬家春黃麻將命承恩寵憲府榮陞任撫巡膏澤下令遺蜀地德風此去被南民姓名已覆金甌下進掌機衡佐聖君

挽承奉滕嵩和歸來叟韻

慨惜吾藩失老臣隨朝再不入王門食桃未必三千歲生世方當六十春用藥有誰能起死遺言惟爾最知恩小心翼翼存忠謹承事于今少一人

挽羅菊隱叟

吾藩出入幾經年捐館今朝獨憮然觀化八句今已盡留台千古豈無傳蘭摧砌下新增感菊殞山中亦可憐回首人寰

成一夢有終有始得歸全

挽紀善歐陽寧父母

椿萱耄耋孰能同一旦凋殘玉樹空雙劒躍津神尸化聯珠沉海恨無窮板輿雲掩花陰下吟几塵封夜月中尚有兒孫皆祿仕書香奕葉繼儒風

挽歸來先生

道德文章擅大名先生捐館痛余情棟梁一旦俄驚折奎壁今朝已不明喬嶽太山無仲晦氷壺秋月失延平傳經授業難忘處不覺潸潸雙泪傾

泰山頹矣哲人萎滿目愁雲不盡悲緬想昔來藩府日每思常在禁庭時詩同李杜辭雄健心契周程理隱微七十五年

觀化去本無来處亦無歸

挽葉茂典寳

爾仕吾藩克盡誠遽然碧海跨長鯨大書著行銘新立片石
昭潜誌已誠無復酒盃邀月飲那堪吟几有麈生兒孫扶襯
還鄉去雲鎖青山倍感情

挽居松黄處士

生前惟愛與松居插架猶存萬卷書叔度量寛同瀚海廷堅
句好重璠璵山中忍見埋瓊樹夢裏多因駕白駒有子明經
能繼志過人名譽藹師儒

輓左長史夏靖立

聞訃驚疑為感懷吾藩輔導失賢才騎鯨自此成長往化鶴

應期又復來大夢一宵珠忽碎故山萬里玉深埋詞林文藻
鄒枚行薤露聲中足可哀

賜挽少師兼吏部尚書萬安

投老歸來荷聖恩台星忽殞晝昏昏五朝佳輔樞機任一代
訏謨柱石臣功在邦家名亦重任居師保德猶純天庭賜謚
應加贈泉下從教寵渥新

挽余尚書母夫人張氏

寬裕溫柔肅壼儀孀居守義玉無疵蘋蘩祭祀常恭慎布帛
裳衣廣惠慈修德遠推麟趾化矢心再詠柏舟詩篤生賢嗣
登台鼎燮理陰陽任少師

挽張都憲母夫人

都憲川西得訃音萱堂違養最傷心閨門彝範知猶在風木
悲哀想莫禁朝露忍看晞薤上板輿無復過花陰九重紫誥
褒封日德著豐碑照古今

輓右長史梁能安

嗟卿忽反白雲鄉豈料于今一鑑亡輔導生前勤政事流傳
身後有文章荒蹤筆硯塵封几冷落琴樽月滿堂傷悼不堪
回首處愁雲一片帶斜陽

獻園睿製集詩集卷之七

惠園睿製詩集卷之八

絶句

題青山白雲圖

不獲其身不見人焉明庭宇絶纎塵此中真意言難盡無數青山與白雲

題畫菜

雨過南園正發時青青嫩葉曉秾肥摘來待客供盤飣入口甘甜實是奇

佳蔬秋到色芳鮮霜葉生生晚帶烟幸遇太平風化美民無此色樂豐年

嫩葵青翠滿荒畦雨露滋時長正齊賢守隱之惟愛此不論

熊掌與駝蹄

芳根毓秀色初匀暢茂迎風最可人金谷富家無此物庖廚冷淡味尤真

赤壁圖

白露横江水接天少焉明月出東山老蘇曾次無拘礙對客高歌手扣舷

牧牛圖

騎牛去去過前坡細雨輕風擁綠叢短笛横吹楊柳外高歌一曲太平歌

耕遍溪南與溪北倒騎牛背穩如舡平原飽後飲黄犢至晚歸來帶月眠

題畫

汪汪萬頃碧波流綠柳陰中繫小舟涼思一天清徹骨不須紈扇却疑秋

萬里無塵一草亭淡濃山色遠相迎小童先我抱琴去山下真堪適性情

山高水淺鶴飛時尚有幽人坐石磯萬事不干惟把釣怡然有樂却忘歸

天遠山青雲氣白微茫烟靄境幽深高人琴皷無絃調心跡消沉萬木陰

反哺圖

風清月朗疎林夜得食歸来報母恩孝鳥猶能知反哺為人

何事不思親

李白問月圖

氷輪碾上碧雲頭萬里無瑕素影浮為問如何圓又缺滿斟

綠酒醉金甌

羲之觀鵝

白鵝泛水白雲輕老眼觀時骨亦清道士舉羣能贈我不辭

為爾寫黃庭

漁樵閑話

偶然樵子見漁翁話久情忘意更濃入耳清風来水面快心

明月在山中

二喬觀書

一家姊妹適豪雄並讀龍韜志亦同學以廣才能內相髙風
千古擅江東

倢伃題扇

齊紈題句寫衷腸淒切西風入夜涼中道棄捐恩義絕于今
篋笥只深藏

歷山圖

畎畝耕耘有象禽孝心純一格天心賢明能繼神堯位德化
流行古又今

伊尹

三聘方纔起有莘一心惟與道相親經綸事業開王化輔佐
成湯在濟民

傅說

板築藏名不韻聞高宗一夕夢賢人和羹已作鹽梅用濟旱為霖物自春

太公

一見君王鬢已絲後車載去作王師周興天下成功業經濟謨大有為

子陵

雲臺亦任繪无功不事炎劉一代椎千古釣臺高幾許至今人尚仰清風

范蠡歸湖圖

平吳才大有奇謀破敵成功即退休草樹烟波堪寓目五湖

風景一扁舟

瘠馬圖

追風汗血勢騰驤沙塞曾經百戰瑒力憊于今毛骨瘦影寒垂耳卧斜陽

息齋竹

萬竿玉立晝蕭森歲暮常存勁直心月出誤疑丹鳳影風來如有老龍吟長枝嫩葉拂雲霄長養春風采鳳毛雪虐霜饕無改變亭亭獨立挺孤標

秋浦歸帆圖

瑩潔天光上下涵無塵水色碧於藍只疑張翰思尋去短棹

輕舟一片颿
浩渺無邊一望平黄蘆兩岸去舟輕波澄浪静風初定袖手隨流自在行

孟光舉案圖

家計清貧敬不衰肅然舉案每齊眉芳名懿德傳今古禮相夫君詠五噫

籠鷺圖

山陰道士好懷多毛羽鮮明贈白鵝掃素精微隨筆意君看飛泛泛點清波

趙仲穆馬

駿骨非凡産月支權奇矯矯有龍姿霜蹄未驟精神在銳氣

追風似欲馳

戴松牛

東臯南畝苦耕耘不受鞭繩性自馴嘉穀收来能濟物平疇都在一犁春

平原苒苒草尤深任重經年用苦心牧養安閑從不用于今終老在桃林

盆池

瀲灧盆池近小軒水光清淺景無邊莫言些子無多地一勺能涵萬里天

小池徹底自清澄雲影天光上下明一色無塵秋月夜鯫魚數箇鏡中行

十日菊

秋花無数繞軒楹細蕋餘香也自清雖是纔過重九節寒英依舊未曾更

霜中豪杰歳寒姿獨秀仍承雨露滋莫謂金花顏色改尋香蜂蝶不能知

徽宗梅雀圖

黄口嘉賔何處来羽毛避火集宮梅氷姿冐雪天寒冷忍凍如斯亦可哀

題猫

金睟銅瓜小貍奴蹲踞高堂鼠即無能振威嚴空亂穴于今

[illegible]𠬝得滿床書

蒙貴蹲窺氣勢雄奚鼫屏去絕形踪虛齋夜靜無驚擾除害憐渠也有功

桃核獻壽圖

漢庭獻壽有王母桃核流傳自武皇此物千年難可信神仙遺說總荒唐

西疇禾鼠圖

芃芃禾黍滿西疇時稔如雲慶有秋郊祀迎猫行祭禮驅除鼫鼠為農謀

海濤圖

千尋滉漾捲洪濤惟見銀山雪浪高聲大勢雄波洶湧老龍暴怒戰神蛟

白鷹

玉爲利爪雪爲衣九月秋高萬里飛振翮凌空狐兎走來從北極見雄姿

題風晴老嫩竹四絶

參差萬玉色青青虛籟都從葉底生蕭瑟一庭秋思爽窓前時引鳳雛聲

虛心直節拂雲齊薄霧輕烟不復迷白日行空時有影娟娟一色碧琉璃

厓雪饕霜歷歲年生平抱節更蒼然試將碧玉親裁剪賢聖遺言載簡篇

漸看新梢已過林輕飄粉籜抱虛心脫綳已有凌雲志都是

森森玳瑁簪

袁安卧雪圖

大雪繽紛滿洛陽惟公不出卧幾僵孝廉一舉聲名重位至司徒立廟廊

陸羽烹茶圖

新摘武夷粟粒芽春風先到野人家清泉活火自煎處石鼎松濤滚雪花

劉伶荷鍤圖

提壺挈榼白隨行常醉沉酣不願醒動地雷霆驚萬物丁斯靜聽却無聲

四皓對奕圖

隱遯商山為避秦四翁一局坐雲根閑消日月遠朝市黜陟安危總不聞

聽琴圖

宮商古意指端生誰信無聲出有聲聽久心融雙耳靜太清寥廓月華明

太白觀泉

千古奇才李謫仙醉來縱目碧山前珠璣燦燦三千斛直下飛流落九天

浩然尋梅

萬里繽紛飛片雪尋梅忍凍過前村冷中探得真消息漏泄一枝天地春

淵明賦歸

休官歸去樂田園莫道風光不似前三徑有花樽有酒閒雲出岫便知還

箕山圖

箕山遯跡絕塵囂樹有風聲即棄瓢兩耳從今無擾攘無心天下繼神堯

圯橋進履圖

老人期約圯橋上孺子心誠遂與謀取履只應曾跪進功高滅項付留侯

泣別圖

李陵降虜子卿旋相別河梁泪泫然持節牧羝心似石入朝

亦任雪盈顛

諸葛

伊傅才高冠世雄出師二表見孤忠前營不是星垂地復漢能成第一功

李密

陳情一表上楓宸為命更相祖與孫不是奔馳難奉詔餘年辛保答親恩

掛劍圖

為使他邦去又來徐君已自情泉臺青萍寶劍高懸木不背初心義已哉

淵明漉酒圖

歸去柴桑作隱淪一生惟與酒相親家童報到新蒭熟漉處
還須用葛巾

和靖觀梅

西湖處士林和靖深與寒梅共結盟鐵石心腸從此見渾然
物我得雙清

刺虎圖

掉尾磨牙兩虎爭嚙牛猛氣勢生獰若非智勇能兼進功業
當時豈有成

王右軍像

襟期瀟洒羡羊儀字逼鍾張老墨池千古蘭亭留勝事于今
風景尚依稀

陳摶像

華山深處絕纖塵一榻雍雍卧白雲耳静黑甜心不動雷轟
風怒総無聞

雙檜圖

亭亭雙幹勢凌空枝葉青蒼不變容傲雪欺霜經歲月堅貞
節操與松同

九鷺

風標俊逸玉絲垂九點無塵白雪衣閑静性情湖海上時行
時止總相宜

林良鸂鶒

綠毛丹嘴最多機慧性殊羣也自奇老樹夕陽秋色裏咬咬

相與在高枝

王進虎

斑斑文錦勢豪雄一嘯千岩起疾風掉尾為旌雙目閃于期百獸盡潛踪

姚彥卿雪景

萬疊峯巒巳失青江山大地盡鋪瓊幽人兀坐寂寥境方寸無疵相映明

惠園睿製詩集卷之八

惠園睿製文集卷之九

序

懷園睿製集序

先兄懷王天性仁孝而友于之情尤篤器度弘遠樂善嗜學讀經史過目即知義王考最鍾愛及受封聽覽國政矜憐國人恒思所以濟益春秋祀 宗社身親行之不以寒暑為倦而少易也嘗言社稷位重宜當敬慎其用人也務去春華惟取秋實澄源固本而忠厚之政終始一致政餘則與近侍儒臣商確古今與為邦之道次則為文詠詩陶寫情性長篇短律各馴致其極焉其文也光可以分全璧其詩也聲可以諧韶濩止乎禮義關乎世教實足以鳴國家之盛成化七年惜

鸞輿去早悲惋曷堪越一年予承王爵擬取兄平昔睿作若干篇命紀善尹仁器編集以壽於梓以傳諸後嗚呼文辭乃游藝之一端也先兄所存尤大若天假之以年而奉守宗藩翼戴　帝室俾邦國復鄒魯之風仁賢儗閒平之善文辭云乎哉

草書集韻序

予於國政之暇必草書三五幅以暢其情恒以淳化石刻歷代名臣法帖以師以效我　獻祖開國於蜀不貴金玉所寶者惟聖賢經籍也自經史以下文章翰墨俱收蓄於內閣　日忽覽書目見有草書集韻取而披閱因字類以知四聲之韻因韻語以識諸家之體如漢章帝魏少帝以來鍾繇羲之遍

庭伯機等書體勢無不全備然後知草書之源流古人之變化由其形跡而得乎心法之妙矣惜乎久歷年歲苦於蠹魚於是命工重繡於梓以永其傳俾後之學草書者有所取法也是爲序

吳文定公考定孝經序

孝經一書乃孔曾問答之語天之經地之義民之行人子事親之要道也經有古文有今文自漢以來諸儒傳會文意繁復眞僞莫辯宋考亭朱子見道分明存其所當存去其所當去爲之刊誤元草廬吳先生因刊誤更加考定致廓清之力盡訓釋之詳孔曾之心復明於世其書分經分傳經一章傳十有二章經以統傳傳以附經序次不紊脉絡貫通大開後

學之滯疑一洗千古之陋習誠有功於名教予於內閣惟見寫本板本惜未之見命工鋟梓以廣其傳且夫爲孝之道自古之天子至於庶人皆一也天子盡孝儀形天下諸侯盡孝保其社稷卿大夫盡孝保其宗廟士庶人盡孝保其祿位保其身體此天理民彝之自然不待求之於外也讀經者潛心玩索愛親之心必由是而興起也我　皇祖以孝治天下百年之間四海之民咸囿於綱常倫理之中德化入人深矣先聖有舜文先賢有曾閔今之人誠能盡爲孝之道以孝於親則親顯名揚何古人之不可望也是爲序

劉文靖公文集序

容城靜脩劉先生夢吉負天成間世之才有自得上達之學

人品英邁振古之豪傑也元裕皇知其賢名爲賛善大夫世
皇復名爲集賢學士天下瞻望風采與許文正公衡吳文正
公澄生於一時天之屬於斯文者有在矣先生之文吐天地
之精華啓聖賢之蘊奥浩浩乎如瀚海之無邊際巍巍乎如
華嶽之極崇高推其心乃致君澤民之心也際千載之知遇
不爲不深若天假以年亦必能成相業而如許公輔佐於國
澤利於物也惜乎年四十五而卒許公於至元初已列從祀
吳公至我　聖朝亦入從祀當時禮部尚書王沂翰林學士
宋褧等屢建言國家褒德重道宜以先生與許文正公同祀
孔庭議者不知學有原末言於經籍無所箋註纂章不報吁
此衆人之所不識也若曾子則有大學子思則有中庸孟子

有七篇之書顏子無書而列於四科之首古今無敢議者以其原於治心將從無欲始乎先生之學學顏者也况有四書精義易繫辭說大章短篇皆極要領覈精微之言也其言豈非六籍箋註耶彼以文辭視之者則非也學既得乎正傳安知後日不與許吳同列於從祀也哉國政之暇讀先生之遺文見丁亥樵庵等集而記序碑誌傳賛詩賦前後失次不便披閱因命儒臣彙聚成篇鋟梓以傳俾先生之道暴白於世後之學者誠有賴焉

恩封戶部主事石文華輓詩序

主事姓石氏名金字文華以成化庚子歲十二月十七日卒於正寢子淮任巡督四川學校僉事聞訃哀毀踰禮寮寀交

游感其情作歌詩以挽之僉事彙成一帙狀其行請爲詩序文華其先浙之温州人祖思義元季時避亂江北　皇明定鼎金陵設江浦縣因家焉考樂山翁以軒岐之道鳴文華幼讀儒書長精醫術於炎皇靈素之經俞附和緩之論無不研究治人疾驗虛實定生死如燭照鑑臨而靡差也不計貧富咸一視之鄰郡疾有不能治者不遠千百里而来求治隨以神劑餌之全活者以百計凡婚喪有不舉者則助以資帛有貸而不能償者則焚其券於別墅種丹杏百餘株人稱之曰杏林先生比德於古之董仙也吁士有一善君子猶稱道之况多善之士哉且生時既稱其善歿而忘其善者君子不爲也歿而不忘非聲詩無以發幽光而昭潜德也才士夫傷其

不可復見各賦詩以哀之宜也自薤露蒿里傳於世今哀挽之詩緣此而有也若人才不見於用德不及於物抑豈能使人咨嗟思慕形之於篇什寄情於無窮也哉文華生四子長即淮登進士第爲翰林官歷職粉署蒙　勑封文華如子官次曰淳曰浦曰澄澄補邑庠生業舉業淳浦俱業醫紹先志也僉事來任時諭之曰爾之川蜀提學職專風教責任匪輕端爾心術正爾學術培養士類僉事奉命惟謹造就士子登科躋顯榮者尤多於此足見父之垂戒之心切而子之副望之意盡矣文章政事用於　朝廷盖由訓嚴而致之也因其請國政之餘爲序於挽詩之右後之人欲求主事之爲人者尚有徵於此焉

歸来集序

歸来集者吾藩雲騎尉趙叟平昔之所作也叟㕁飫經史沉潛乎聖賢之學受知吾王考定園召至儲廷以備顧問先兄懷王禮遇亦厚吾在郡邸時叟嘗勸讀及嗣位叟致政已二載因思老成復召入經席以資講貫所裨多矣宋承奉景與諸同志重其老俾仲子庠生明輯録叟之詩文若干篇助貲募工以鋟於梓請題集序嗚呼文者光嶽精英之氣也豈易言哉非中有所養則不能然氣盛則文亦盛叟平素所養之氣發而爲文義理精到昌黎云養其根而竢其實根之茂者其實遂叟之製作脫去畦徑而光采照人精神屬白如巉岩峻嶺之高如長江大河之深其徤也若飛鶚之横空其迅也

如鶩霆之騰谷言辭沛然足以鳴世叟歷事三朝幾三十載吾嘉其克盡忠益之道而有始卒聽政之暇爲題卷端叟名琥文晦其字也時成化十三年歲舍丁酉秋九月菊節前一日書于承運門之西讀書處

致仕右長史尹仁器歸安福序

右長史尹仁器吾藩之紀善也性謹厚自處澹如純德令望庶僚所瞻出入殿庭步履合度八年中克盡輔國之道因長史缺員令其署事廉能益著一旦以年老啓欲致政留之再請之愈確余嘉其爲臣効忠遂援 獻祖保義門鄭教授楷陞左長史致仕例奏請於朝蒙 聖主允其奏此我國家重右尚賢之意也先儒云官至大夫亦榮矣哉仁器超授五品之

職聲光增重今得歸田里日與親戚朋舊松塢琴樽雲窓歌賦延桑榆之景豈不樂哉然年雖七十齒髮未衰尚當以聖賢之學化導鄉隣子弟及尓子孫亦士君子之心也藩臬大夫寶賢儒臣各有詩文贈送余書此為尓故鄉晝錦之榮也

和邵堯夫首尾吟序

予聞康節先生秉聖賢之姿負豪傑之才貫天人之學玩心高明洞徹内外有宋之大儒也一日得見淮右中白徐宗敬所和先生首尾吟一百三十五首因取擊壤集原唱覽觀其言平易從容深造於道德若曰寶鑑造形難隱髮鸞刀迎刃豈容絲足見本體清明無纖毫私欲之蔽又曰在世上官雖不做出人間事却能知是知自適自樂而無禄爵之縻也於

人情物理道德性命揭露無遺人以為空中樓閣宜也宗敬之詩辭理明暢出語可愛能以先生之心為心可謂希顏之人亦顏之徒也為邦之暇誦康節之吟詠中白之句究味旨趣有動於中隨韻屬和卒如其數詩雖未工第以寫自家意思也命工鋟之於梓而附宗敬之作於左云

浮山李氏留芳集序

留芳集者侍御李瑢廷章之所類編也侍御世為安城之浮山人祖父叔兄繼仕於　國朝曾祖曰昂霄者啓迪於先號友竹號拙菴號樸庵者繼美於後其居官任職有為翰林檢討為洗馬階陛侍郎者為陝西道監察御史者為浙江按察憲僉者為國子學録者為休寧縣丞者為儒學司訓者為太

學生者又有高蹈儒隱而韜光者或贊襄衮職或總持天憲俱有文章有政事為時推重上而　朝廷誥勑之寵褒與夫臺閣公卿之贈送及林泉文儒才士之稱羡發之為篇什形之為贊頌而記誌序銘傳諸体咸備故文日以滋廷章手自彙録分為十卷題曰浮山李氏留芳集成化十四年戊戌侍御奉　命西巡川蜀澄清治政有氷蘗聲以是集来請為序國政之暇披閱間見少師楊士奇少保李賢侍郎錢習禮侍講劉球劉定之及同邑王巽顧諸賢之詩文鏗然如金石之相宣燦然如朱璧之交映品格之殊音節之異自不得而同也吁非諸賢之盛作不足以昭李氏之盛德是知李氏　門之盛亦足以見國家治化之盛也李氏家學淵源滿床袍笏

廷章之先克以是流傳於後爲子孫者亦當以是紹承於宗祖也前後述作引之勿替是集一出人見之必有感發而興起焉者是爲序

記

克復齋記

天之所以與我者非偶然也我固有之者皆天理之公也而人欲雜之者何以其汨於外誘之私而不能全之也爲仁之要在乎克己復禮不能克己則私欲橫生豈能復於禮哉於視聽言動之間不加克治之功而肆欲妄行則有以害夫仁也已天理人欲相爲消長人欲一生天理滅矣能知人欲之害夫天理可不拔本塞源操存涵養而日日克之克之不得

而更克之其仁自熟而欲自去久則渾然周流貫徹無一事之不在理也嗚呼在聖門惟顏子得聞之去聖賢愈遠而寥寥無聞之者至程子出始以此說著於經傳而以四箴自警亦以警人也今之克己者鮮矣中侍張宗瑋字廷瑞於燕居之齋扁曰克復來請為記余喜其求仁之心愈切勝私之力惟甚可謂有尚古之志者也苟能於造次顛沛之際急遽苟且之間無忽無怠勉勉加進可以得為仁之要矣如此則人慾淨盡而天理全復自然中外通徹胸中無一毫之私而皆天理也此理既全則克己之功可見矣若然士可以希賢賢可以希聖聖可以希天也豈分外哉是為記

孝友堂記

子讀書至君陳惟孝友于兄弟之語讀詩至六月見張仲孝友之句是知孝友者通天地之大經古今之通義也費氏有隱君子名鎮字應麒以孝友名其堂其亦得君陳張仲之遺意歟應麒廣信之鉛山人能孝於親友于兄弟生六歲而喪母曹氏至十二喪父榮祖毓於繼母張氏及長晨昏定省之禮旨甘滫瀡之奉而無忽違與弟椿應麟食同案衣同服嘗曰吾未養吾母養今母敢不竭力未孝吾父見吾弟寧不痛心事叔父榮迪與父同叔被誣為之力辨獲直其事於羣從弟則撫之愛之付以財產而無所偏景泰丁丑年五十長子珣會試歸卒哭傷慟未幾百日而卒應麒視死如歸囑仲子瑄曰吾與汝兄相後先而逝命也非為哭汝兄功名未遂而

致然也汝無墜讀書志吾所最恨者早失父因失學生無益死無聞也吾教汝肄舉業非為利身私家計蓋欲汝忠君愛國以行其志以光我前烈若曰求免貧賤貪取富貴非吾願也此心質諸天地鬼神可也倘得祿切勿欺君損民汝可記之喪事宜從家禮浮圖不用事祖母事叔父以全吾思父念弟之心不然吾不瞑目言訖而絕此應麒孝友之槩若敬若慈幼抑強濟弱為鄉黨之楷範為宗姻之法則其善行不獲盡述瑄字仲玉以經濟才登黃甲為名進士觀工部政以三事至蜀來請為記夫愛親悌長倫理之常人能以孝友之道行之於一家則一家正行之於一鄉則一鄉正行之於一國則一國莫不翕然從之而皆正矣仲玉當推廣此心以先人

乎昔行之於家者今移之於官致君澤民其為政又何有不同也哉我　聖祖以孝理天下費氏孝友之行若是而他日
朝廷旌異必矣國政之餘因筆之以為斯堂記

尚節軒記

門正谷清構一軒於禁城之西吾兄懷王親灑翰墨題其扁曰尚節眷注之隆可知矣請一言以發名軒之義夫節者節義也義氣也者在人性分之所固有也為君上者宜主於綱常為臣下者在盡乎忠義苟能涵養操存自愛自重方可以副上天所畀之意天地有節能成四時弦望晦朔而無差忒聖人體節禮樂政教而不失序無剥下奉上之事有貞己益人之功易曰甘節又曰安節曰苦節甘節者若曾參肘露自

歌是也安節者若晏嬰貴而能儉是也苦節者若申屠狄陳仲子之潔之廉是也尚也者崇尚之義非驕矜侈肆之謂也尚節者何不以一介而輕天下恒以萬物而同一巳絕人欲於橫流為中流之砥柱正如蒼松之歷嚴冬勁草之遇疾風不偏不黨不趨不奔不顧人之毀譽存吾義而已矣此所以為節也凡物之有節者惟竹為然中通外直亭亭然傲氷雪歷歲寒而不摧折也竹之為物如此況於人乎．稟剛明正大之氣而靈於物者清奇能集義以養之事遇造次急遽之際立臣子之大節則不負賜名扁之恩為國近侍宜崇尚名節風節為節義之人也是為記

峩嵋山重瞳觀新修殿宇碑記

吾蜀之眉州有山曰峩嵋去州七里許山腹有龍湫渟滀澄

碧白蟹紫芝產於內有老人隱現不常又謂之老人泉傳記以爲軒轅氏之丹室唐李楊太虛介朱先生得道之所古有觀觀中有三仙像四目老翁居其中州人遇水旱札瘥禱之無不應昔眉之道者張遠霄一日見一老叟龐眉皓首持竹弓一銕彈三質錢三百千遠霄無吝色曰吾之彈能辟疫癘汝寶而用之利益廣大遂授以度人濟世之術張仰視翁兩目中有四瞳于世傳四目老翁者以此其地山明水秀夜現神燈眞仙境也先朝封翁惠通顯應眞人州之人物爲顯宦爲名儒爲高士者輩出雖由地靈所鍾而實資眞人之所默相也宋老泉蘇明允天聖中嘗於無礙子肆中見遠霄張仙挾彈圖像云有禱必應因解玉環以易之時老泉尚無嗣旦

則露香以告乃得帖又得幟張仙之神應由老翁之所授受也又如大德間四月不雨農事方殷鬱蒸太甚至五月又不雨民以為憂州牧郭松年率僚佐父老禱於眞人而太雨連日民心感戴此其大者小者莫可殫述去歲春吾命承奉副智良詣觀禱請回言翁之靈感神速急於濟物但觀之殿宇頹毀年久因命工鳩材去卑陋恢故址而重搆之裝嚴神像門墻廊廡奐然一新為大書重瞳觀以易其舊額始作於成化十五年正月二十二日成於是年三月十五日也良磨礱片石請為碑記噫至誠感神理之自然禱之則應翁之靈也蓋嵋山在吾封內孕靈毓秀之地也篤生賢哲助我 國朝厥功大矣睠吾嗣續賴以生成是知老泉以無礙子之言為

不誣吾於老泉之言蓋有徵矣後人世世而葺之則老翁翊
皇度福生靈與天地相終始也是為記

思學齋記

古之所謂聖賢之學者以明其本然之善而復其初也學不至於聖賢亦徒學也學者在乎知仁義禮智性分之固有而不為私欲害之必須加持養鞭辟之功於造次頃刻而不忘而常思之思之能專而後可至於聖矣為學不思於內而務於外則此心無所主而必妄馳矣故孟子曰學問之道無他求其放心而已矣若古之管子論學學在思之思之而又思之思之至若有鬼神教之也非思神之力也是熟於學而心自明矣杜預云優而柔之使自求之饜而飫之使之趨之苟

用其言可謂善學者也非今以思學名齋而請余記余原夫為學之道專務於內必須欲人一已百之功使此心明得盡而查滓自渾化必欲與天地同體方為聖賢之學矣勉之哉學不至於是烏得而為學者哉

敬齋記

人之禀乎天者莫非至理也因其事物累之而不之察朝夕放逸而不知求懵然而無知紛擾千端積於胸中而使天理日滅人欲日生矣學者若何而用力哉必敬以持之敬之一字乃聖學所以成始而成終者也先儒以主一無適言之又以整齊嚴肅言之所謂不容一物所謂常惺惺法洞洞屬屬外物自不能雜用力之方備矣方寸靜一而無他適程子曰

入道莫如敬朱子曰敬者一心之主宰萬事之本根也此數者莫非欲人涵養操存明乎此心者也某以敬名齋專事於內請余記之因告以持敬之方子歸而求之有餘師也奚待外慕也哉子於講學必要主一不主一則義理無着處必整齊自無非僻之干矣不常惺惺則燭理不明不收斂則身心無所主敬之哉敬之哉久之而自然天君泰然百體從令尚當益加戒謹恐懼慎獨日新之功自有不能已者尚宜服膺無失

進德齋記

進德齋者某自脩之所也一日偕某拜而請曰嘗聞道德有於身者君子人也某欲進德故以名齋幸賜一言以記之余

聞德者得於心也未有不得於心而能應於事者也苟能存諸中則斯德完全而無汙壞用於事親則知孝事君則知忠交於朋友則知信在長幼夫婦之間則知有別有序此皆循其自然非有強於外也其要當以真知實踐持養謹慎而不蔽於欲則本體精明而不雜自能睟面盎背而可達天德矣具衆理處無不備應萬事時無或遺豈容人欲蔽之哉本體之明未嘗息也古云有德者必有言德既充其言自正言正則有根本大而敦厚其化於無窮也故書敬德之原寘諸壁間以爲進修之一助必得壽得名余有待也

誠齋記

誠者大道之本然眞實無妄之謂也存誠者未至於誠而使

至誠也蓋凡人有是性渾然天理之實但為氣質之所蔽由是私欲生焉則本體昏沉而虛妄矣必也擇其善而固執之學問思辨不可一息而間斷精研密察惟日孜孜以至於明其本然之理無毫釐之妄純乎清明表裏瑩澈以至於盡其性能盡性可以賛化育而參天地矣周子曰元亨誠之通利貞誠之復大哉易也性命之源此至極論也某以誠名其齋請余記之因書天道人道之所分則此心靜一而外物不誘矣是以人道盡而天道復也是為記

尚義齋記

人之受於天者五常之性也而人不知行之者何汨於欲私於愛而不知義之明故也茍能存此心以復吾性處事理以

盡人倫隨時隨處而莫非義之所在也君臣父子之間夫婦長幼朋友之際至於臨利害而不知懼處貧困而不知戚皆分內之所固有與義之所當為也張子曰精義入神又曰動靜不失其時全乎此而可以敦化矣某請余記之余見世之人尚之者不同尚利者慕財尚名者固位某以尚義名其齋休之所志可嘉矣誠能行其義以固其行非徒嗜其名而不踐其實行也董仲舒有曰正其義不謀其利誠哉是言也予歸而味之因書之是為記

克復齋記

儒門示為學者求仁之方克己復禮而已仁者心之德而包乎四德者也然人皆有是德渾然全備精明純一莫非天理

之至善也人因蔽於物慾之害則戕滅天理也往往沉冥於嗜欲之際奔走於利祿之途使此心流蕩忘反而素無克全之功者也蓋視聽言動非禮處尤當禦之也必能用力於造次顛沛之間急遽茍且之間謹獨幾微之際古之克之日月克之克之不已要至查滓融化粹然復歸於仁矣其以克復名齋請余記之余嘉其慕尚之志鄉者明道先生少好田獵既見濂溪自以為有得而無此好周子曰是何言之易也後十餘年見獵者而果動心是知克治之難有如此者子當衍其義周其工終始循循不舍晝夜以事於克己工夫則顏子之為學亦可希也天下歸仁豈虛語哉

存心齋記

人心虛靈具衆理應萬事也心者身之主神妙不測者也具乎理而無不貫通應於事而無所差惑則本體光明炯然而能照應也苟不能靜一以持之則隨誘物化而不知自反思慮紛擾群妄白生顛欲此心之存者鮮矣學者存養精密操守無失則本體復明而人欲豈能蔽於我哉某以存心名齋志存乎內也請余文以記之某立心謹厚有慕於聖賢者也古云操則存舍則亡若能操存而不失則聖賢可學也夫堯舜禹湯文武傳此心者也周孔思孟明此心者也舍此而求聖賢之學豈可得哉是為記

求仁齋記

人之有仁猶天之有元也天之德元亨利貞也而元者無不貫通人之德仁義禮智信也而仁無不兼備蓋仁者五常之

首而萬善之宗也為人得其仁之全德而可與天地萬物同一體也渾然無間無物我之分別也在聖門惟顏子得聞克己復禮之說言克去私欲而復還天理則仁不可勝用矣其次若冉雍亦得聞出門如見大賓使民如承大祭己所不欲勿施於人之語存此心而無私意則周旋中禮而莫非仁也後之學者誦其言而不求為仁之方欲得仁可得乎致使私欲汨之昏蔽日盛本心既失而違仁遠矣誠能用功之深持守之固以至於查滓消盡瑩然光潔則本心復全而得為仁矣常察之於未感之時翛然不動渾全包含仁之體也體之於己反發之際感而遂通無所不應仁之用也曰公曰愛曰恕曰知覺此所謂仁之一端猶木之有枝幹也然則士之求仁者舍

二賢又河可得爲其以求仁名齋請余記之因書此以復之

中和堂記

某郡某以中和名其所居之堂而請余記之夫中和二字子思子傳道之書所載而以狀性之德情之用者也為學者求性情之德當其未感之時此性渾然喜怒哀樂畢具於內而未形於外也此未交於物自然無所偏倚寂然不動所謂中也既接於物各適其當而不乖違於事所謂和也推致之久位天地育萬物而無不至矣若論其本必在持敬以主一戒懼謹獨之時造次顛沛之際不失其所守必須精之約之以極於中和也噫時之人不肯為而湛欲之於是述所聞以告云

養心齋記

軻書云養心莫善於寡欲能寡欲者則本心自存而不汩於物也如口之於味鼻之於臭耳之於聲目之於色四肢之於安佚人人所不能無若不節之以禮多縱於私其本心未有不失者也蓋存養之功在操舍之間而已操之之要必須敬以持之靜以養之當涵養省察純一無雜莫之走作而使此心常有所主不蔽於物欲也存養既久則欲自寡寡之又寡以至無欲而本心虛明天理渾然無一毫私意滯於胸中便與天地同體也某以養心名齋請余記之因書此以復其請云

睿製文集卷之九

惠園睿製文集卷之十

雜著

致知

天下之理具於人之一心而一心包涵萬理理雖一定而事有萬殊若不推致其知以窮其理則理有未盡而事有未知也故物格而知致吾知本心瑩潔表裏精瑩而萬物盡知矣自一家以至一國父之慈子之孝必推其慈孝之理而居焉君之仁臣之忠必推其當行之理而居焉至於天之高地之厚鬼神之幽顯草木昆虫之微細皆各具此理而宜推焉紫陽朱子取程子之意以補大學之缺不過教人在即物而窮其理也致知之說豈外此哉人能格之自有得也

仁恕

孟軻氏曰強恕而行求仁莫近焉蓋仁為體而恕為用恕者所以施仁而推己之意也仁則渾涵一理無內外之分人欲求仁必自行恕以致之耳如己未能盡忠孝於君親必推己欲孝欲忠之心以及人必盡其忠孝之實此行恕之意也昔子貢聞夫子己所不欲勿施於人之語此終身可以行之者也子貢於恕已知而於仁未至後之學者苟不主敬於內閑邪於外去人欲全天理豈可盡識仁恕之道哉求仁之方在強恕而行為近之子其勉旃

鬼神

夫鬼神者陰陽造化之跡也流行於天地間伸則神而歸則

鬼也其實二氣之感通天地之正理且如日月星辰之晦明風霜雷雨之動息此天道之鬼神也寒暑往来晝夜起止此四時之鬼神也呼吸動靜語默作止此一身之鬼神也萬物生息此萬物各有鬼神也天道四時以及於人而至萬物莫不同一鬼神故程子曰鬼神者天地之功用張子曰鬼神者二氣之良能若世之人以魍魎土木為鬼神此下愚俗士之説非真儒之所議也學者知此則能知性知天矣合鬼神之吉凶者其惟聖人乎

道德

天地間至尊至貴者道德也雖人固有而得之於身者盖少也道者日用常行之理而德則得此理於心也道德豈可與

已相離也哉以天道言之萬物生生不息春生夏長秋斂冬藏一氣周流莫非此道也以人事言之自身脩以至於平天下皆此道德也上古堯舜禹湯文武能以道德充滿爲貫而所以塵視金玉銖視軒冕豈有一毫私意係於心哉後之學聖賢者體姚法似以道德爲實踐成諸世業著之於方冊豈可不踐道德之實而以爲虛也哉

天象

陰陽之理積氣成形而麗于天者天之象也日者陽氣之盛也月者陰氣之凝聚也星辰者五緯錯縱森列也霜露者二氣感聚所成也雹者陰陽之聚而成也雨者陽唱而陰和也雷者陰陽擊軋而成聲也雪者陰之盛也霰者陰在內而陽

在外也霧者氣之晦暗也風者氣之怒號也凡此皆造化之跡而實本於陰陽也天地之間莫非陰陽之理流行昭著後之人欲知天象而不知陰陽消長之理者豈能知天象之為天象也哉

天地

天地之始鴻荒未判只一氣混含耳既而兩儀立天地分輕清者為天重濁者為地天包乎地而地在天中天左旋循環不息地居中凝結不動天陽地陰天清地濁康節謂天依地地附天天地自相依附天成象地成形日月星辰之燦明乃天之象也山川草木之敷結乃地之形也人能仰則觀於天文俯則察於地理知造化之源窮性命之正則如天地即陰

陽之理陰陽即太極太極本無極也舍陰陽其何以知天象哉

脩道

古人設學校以育英才上自國都下及閭巷莫不有庠序之設而立師以開道之立法以垂訓之品節裁制各有攸當此教化之所以行也盖人之受於天者雖同清濁則異或蔽於人欲誘引而其性昏斁斲喪無復全之理此聖人因此為教以復其正使天下之人皆有取法焉是以辨親疎别貴賤謹節文道禁止此則脩之之道也因此而制之而道有得矣知道之出於性分之中而不求之於外使心融通而知命知天庶幾教化可行於四海而為百世之師法矣

力行

古之爲學者必先明諸心以窮其理然後反求諸身踐履以盡其實後之人惟求誦言於日用之間摘句於方冊之內徒能知之不能行之如之何其可也古之人如吳猛之不歐蚊以嚙其身楊香退虎以救其父此孝之見於實行也溫公之奉兄如父姚萇之見危授馬此弟之見於實行也忠則如文相之報國而殞其身信則如季札之掛劒而不欺其死四者皆力行之驗也學者有鑒於玆孜孜不怠必躋至乎聖賢之域矣某來請齋名因以復之

恭敬

夫恭見於外而敬主於內必在於內者充滿盛大然後儀形

自見於外也若不直於内而欲善於外者未之有也稽之傳曰居處恭執事敬曰君子敬而無失與人恭而有禮聖賢所言只是一理人能體而存之常須主一無適鞭辟近裏然後正衣冠尊瞻視動静周旋無不中禮自有不期然而然者矣上古聖帝明王若堯之欽明舜之溫恭湯之聖敬日躋文王之緝熙敬止所以篤恭而天下平無爲而天下治也

陰陽

易曰一陰一陽之謂道充滿流行於兩間者陰陽之理也陰陽者本自太極所生也陽主動而陰主静陰陽立而萬物生焉以數言之陽奇而陰耦以體言之陽實而陰虛以

大小言之陽大而陰小以貴賤言之陽貴而陰賤大凡晦明闔闢消長生成寒暑晝夜進退升降莫非陰陽一氣之流行也分而言之二氣也合而言之一理也張子曰陰陽之精互藏其宅程子曰動靜無端陰陽無始惟識道者為能知之

五行

夫陰陽立而五行備五行者一陰一陽所以相生而萬物所以成始而成終也陰陽變合五行以是而生焉火乃陽之盛故居於左水乃陰之盛故居於右木金乃為少陰少陽而居水火之下土居中而寄旺於四者之中此五行定位而為質也木火土金水以一氣而言五行也木之盛於春萬物於此

而生育也火之盛於夏萬物於此而長養也金水盛於秋冬萬物慘殺而凝結也土則隨時而寄旺焉要皆一氣流行而無間缺者也至於夏至一陰生此陽中有陰也冬至一陽生此陰中有陽也陰而陽陽而陰陰而復陽豈可相離也哉人有五常合天之五行五行本乎陰陽陰陽出乎太極而太極本自無極也歟

家道

人知所以治家者必在乎身身既正而后家可齊推之天下無不治矣是知身者家之則也以正而率其下以嚴而處其內言語動静必合禮度肅齊於內常恭謹而無怠惰之容此家道之所以齊也不然內外之分無禮法之守盤樂無度傷

倫化敗風俗私恩愛以至於家敗身亡而不能保也真西山云漢高帝能誅秦蹈項而不能割戚姬如意之愛唐太宗取孤隋摧羣盜而閨門有慙德願不免焉立天下之君尚如此況庸常之君乎後之為帝王者當以漢唐為鑑而以身為家國天下之本也

君子小人

君子之與小人處之不同身脩行立脩矩矱無驕矜之態此君子人也巧其言令其色膝行以趨於時此小人也大凡人之所以為君子者盖能脩業以進其功格物以致其知澄心以養其性無纖毫私意蔽於其中寡嗜慾薄滋味復天理以進乎高明之域是以行之皆正而處其事也遠致君澤民功

垂後世君子之遇賢君以成治化也陰柔小人肆人欲隨俗狎玩處於汙下以至貪竊禄位亡國敗家此因庸君之狎近而致之也易曰小往大來又曰大往小來此君子進而小人退小人進而君子退一進一退在君上者明察辨別而用之去之可也

辨異端

三代之時正道大明風俗純厚比屋可封而於當世無異端之說及周之末而吾夫子上繼堯舜禹湯文武之道以垂萬世而亦無異端之說也至戰國時正道廢異端出而揚朱墨翟之說盈天下以至於無父無君悖倫亂理所以孟子闢之崇正道而黜異端也自歷代以來佛老之說惑世之甚也釋

氏以天堂地獄空虛之言怖畏生死說因果論輪回求功德以生利益迷世惑人使棄君臣父子夫婦而求為寂滅之道者以為有福德也道家神仙之說乃清淨虛無此無根之言也以為丹藥飛昇之術貪生畏死之語飲刀圭生羽翰惑愚蒙而妄求神仙也夫天地之內陰陽二氣而已氣聚則生氣散而死理之常也而佛老之教有輪回有飛昇豈本性自然之理哉故佛老之害甚於楊墨韓退之云人其人火其書廬其居以明先王之正道則可也欲復堯舜禹湯周孔之道者探六經之旨盡精一執中之功以明諸本心復其天性則人道之教化行矣異於聖人之道者不待與論辨而自止息也

觀聖賢

觀聖賢之異於人者以其生知學知之别也其禀受則同而氣質之禀則未有不偏也知氣質之偏未有不學而知若學知已至於聖亦猶生知者也堯仁如天廣大寬厚之意而神智之明也授舜有允執厥中之言而舜之精一之語為善之道至矣禹王之惜寸陰成湯以六事自責周文之小心翼翼武王之達孝周公之待旦或本聖智之資或用免力之功歸之一源無不同也吾夫子禀太和之元氣萃天地之精英而集羣聖之大成也顏子瑞日和風天若假之以年亦至於聖曾子重厚卒傳一貫之道也子思得鳶飛魚躍之旨孟子雄辨欲行其道有泰山巖巖之氣象也聖賢之所以為聖賢者如此後之學聖賢者可不知所自耶

禮樂

禮樂天下爲治之道也舍禮樂天下豈得而治哉禮主敬樂主和自天子至於庶人無不用者八佾天子之禮樂諸侯六大夫四士則二也此明上下之分尊卑之別降殺之等也無禮則名分不定無樂則天地不亨蓋禮樂者本乎性情之正也性情正則禮樂亦正禮樂正則萬物無不正矣可以復上古雍熙太和之化周濂溪曰禮先而樂後明道云禮樂不可斯須去身故禮樂古今之公器豈可一日而無也哉先王治禮作樂蓋本於正其心養其氣得其情復其性而已禮樂待人而後行人能行之天下自和平矣

人才

成一代之善治必有一代之人才苟無人才教化何由而興風俗何由而正天下何由而成善治也哉徃古人才之盛若堯舜禹湯文武之為君臯陶稷契伊傅周召之為臣君臣相契道同德合以成太平之盛治下如漢之三傑唐之房杜姚宋宋之王范韓富雖治不及古而人才未之乏也要亦君上求與不求何如耳求賢才以輔治則天下自治盖一代之賢才自足以充一代之用也

祭祀禮

大宗伯掌祀典之儀是以郊天地祭社稷享人鬼禴祀蒸嘗蒸之禮而報功盡孝之義也祭以誠敬為本必三日齋七日戒一氣感通洋洋如在自然格天神享人鬼范氏曰與其敬

不足而禮有餘也不若禮不足而敬有餘也旨哉言乎

經學

經者道之原也道在經而經明道也道之明由經之發也是以聖人筆之於簡編發其幽秘明其義理以垂於後世此聖人垂教之意也於是易以明天地之心知性命之原奇耦之位廣大包含體用兼備此潔靜精微之理也書則帝王君臣傳授勸懲之言立世之大法而宏剛大旨無不備也於詩則道性情之正二南風化之美乃溫柔篤厚之教也春秋則正明分扶剛常尊王抑伯以示褒貶之義也禮有天序尊卑之節而得恭儉莊敬之教也世之學經從訓詁之言失其本旨而從事於末豈復明經之意哉是故經所以明吾心也吾心

明則經之理亦明矣心則一而理豈有二哉明經將以致用也苟明經而不能見諸行事何益哉必使天下太和之治成上古之風復也豈徒訓詁而已耶若割裂文義以資進取者又非古人學經之意也

性學

性者受於天之正理我固有之本體渾然初無不善葢有氣禀之拘剛柔清濁之不同於是賢愚強弱之有異是禀受氣質之有偏而豈性之本然也哉世之不明此性者荀子謂人之性惡楊雄氏有善惡混之言告子以杞柳湍水為喻惟孟子曰人無有不善水無有不下大哉言乎原其本然之性而垂教後世聖道已遠寥寥無聞唯唐韓文公為一代山斗尚

不知人性本善而亦有三品之說況其下者乎有宋濂溪先生得不傳之緖於前啓河南二程子於後下以擴孟氏之言上以接堯舜之統師友淵源更相講究然後性善之旨如大明麗天凡有目者所共見也

士

負經綸之才而不遇時抱道德之器而不際世輕科舉之學而不干祿深潛隱逸恬淡自如此古之所為士也夫守道明義知性命之理固士之所明也而致君澤民和平天下治亂興衰除殘去暴措天下如泰山之安亦士之所當為也然而必待人君致敬盡禮然後出若伊尹之於成湯三聘而後至除夏桀之虐蘇天下之困也太公之於文王徵聘而後起拯

窮民於塗炭之中開周家八百禩之業也武侯之於先主君臣會合魚水相投雖未能恢復漢室而三代遺才誠不謬也若枉道徇人慕富貴貪名爵干利祿不顧義理惟為身謀此小人之尤者惡在其為士哉

出處

賢者以道義隨身安於所當安動於所當動不以利欲動其心隱居求志惟知道義而已及賢君以禮聘之起而澤被生民功垂於世而天下遂成和平之治故孟子云窮則獨善其身達則兼善天下昔伊尹耕於有莘之野而樂堯舜之道出而相湯卒成相業其出處大節光映千古後之為士者當以伊尹為師

易

易者生生不窮廣大之道也天地陰陽之理無不包涵而五經之根源萬化之樞紐也是故聖人作易以明乎道矣陰陽者一太極之道也乾為陽而坤為陰由是八卦以之而生八卦錯綜互相反復而六十四卦生焉爻象者所以明夫卦者也卦無定形而爻亦無定象此變化不窮生生而不息也剛柔者陰陽之體也動靜者陰陽之用也變化者陰陽之往來也吉凶悔吝者陰陽之變迁也是以範圍乎天地知周乎萬物而無方無體也卦畫者伏羲所以開其始爻辭彖象者文王周公孔子所以發其微程子之傳朱子之義而又所以推明夫四聖之旨奧也世之學易者探四聖二賢之心宜虛心

以玩之可也

書

往古帝王傳授之微言治天下之大法具載於書書有今文有古文伏生口授二十九篇者今文也孔壁所藏科斗文字者古文也要其歸旨皆出於心若典謨訓誥誓命一德乃君臣告戒之言所以明此心之德也箕子陳洪範欲武王知皇極之道周公作無逸欲成王使知稼穡之難所以純此心之德也然惟精惟一允執厥中則一書中之要領蔑有越乎此者矣後之為國者欲行二帝三王之政必先心二帝三王之心庶幾端拱以成無為之化

詩

詩者心之所發動於中而應乎外者也盖有周盛時民物雍熙風俗純厚人皆吟咏性情而得其正風化所以大行於天下二南親被文王之化正風之始樂而不淫哀而不傷故為三百篇之首至於列國為變風或亂倫理或敗遊無度或尚武勇或流荒淫或尊卑失序雖多不得其正而亦足以為戒也至於鹿鳴文王清廟此大小雅三頌之始薦郊廟美盛德之至也自吾夫子刪之善足以為法而惡足以垂戒豈非萬世之龜鑑移風俗正彝倫之大經大本也歟後之有志於詩者必須從容諷詠沉酣義理深察性情之正可以得三百篇之旨趣矣故動天下感鬼神莫近於詩

春秋

春秋聖人之經本魯之史記也夫子專筆削之至公爲萬世之大法故曰春秋天子之事也蓋周室衰微諸侯強勝征伐不出於天子而出於諸侯大吞小強暴弱夷亂華崇伯功而不知王道三綱至此而隳倫理至此而極壞矣是以天子作春秋襃善貶惡簡嚴於一字之間復天理消人欲使亂臣賊子之心禁而不肆周子曰春秋正王道明大法程伯子曰五經之有春秋猶法律之有斷例邵子曰春秋孔子之刑書莊周曰春秋道名分孔子亦嘗言曰知我者其惟春秋乎罪我者其惟春秋乎

禮記

古有三禮禮記其一也先儒謂禮記雜出於漢儒之手多有

附會穿鑿之意雖不能爲全書其中亦有格言至論如學記檀弓表記樂記之類其言近乎理夫禮者天理之節文苟無禮豈能厚風化哉禮者敬而已矣於尊卑上下之際長幼次序之間揖讓進退之時莫不有禮存焉然以禮則身修家齊國治而天下平學是經者擇其純而去其僞焉庶有以得乎恭儉莊敬之教矣

冠禮

冠者成人之始古今之通禮也古冠禮爲重有筮日筮賓之敬所以敬其事而不忽始以緇布次以皮弁又次爵弁此三加之義彌尊也既冠必知人道立而禮義修謹嚴矩度莊正容儀乃知五倫五常之禮也涑水司馬公曰古者二十而冠

可以責成人之禮此之謂也冠有辭而祝之祝曰月既令之日既吉之元服加之始成人而得行立之又祝曰棄幼志而而成德兮慎動靜而謹威儀兮眉壽無疆而獲褫兮又祝曰惟爾既已冠兮俾問學之精專戒爾逸遊兮乃禮儀而為先力探經史兮而景仰聖賢三加畢矣三祝進矣克修天爵而人爵至矣敬之哉

婚禮

婚禮人倫之始陽往陰來之義而禮所以求合乎中也古者男子三十而娶女子二十而嫁今令文男十五女十三以上亦可婚嫁不過遷就人情而已非古人制禮之深也納綵問名納吉問徵請期親迎六禮備而後成婚將以合二姓之好

上以事宗廟下以繼嗣續而傳後世婚禮之重固如是也問財帛之多寡論資裝之豐嗇文中子謂夷虜之道豈不切中時人之病哉

喪禮

居喪以哀戚為本傷痛哭泣寢苫枕塊水漿不入口此人子之心固所自盡者耳曾子曰慎終追遠民德歸厚矣孟氏云養生不足以當大事惟送死可以當大事後世若楊廣之居母喪以竹筒置肥肉脯鮓阮籍飲酒食肉無異乎時豈非喪失人子之心蔑棄先王之禮而汙華夏之俗哉又有惑於浮屠地獄之說而專修佛事李舟云天堂無則已有則君子登地獄無則已有則小人入為孝子者以設齋破獄為薦悼之

事是不以君子待其親而以小人待其親也耶

法帝王

為治不法帝王終茍而已自古聖帝明王莫過於堯舜禹湯周文武也以其道體之於身行之於事擴而充之於天下然後三代之治庶幾復行於今日矣如古豈同三代之治哉且夫堯之所以授舜舜之所以授禹者有曰人心惟危道心惟微惟精惟一故曰祖述堯舜憲章文武在孔子尚然况其下者乎吾知希驥之馬亦驥之乘有為者亦若是耳

繪功臣

有一代之賢君必有一代之賢臣為之輔佐以開太平之鴻基成億萬禩之事業當天下清寧追念勳故于是繪儀形於

高閣表而揚之昭示永久此崇功報德之大義也自歷代觀之若漢之麒麟圖霍光以下十有一人雲臺圖高密以下三十有二人李唐圖長孫无忌等於凌烟趙宋圖趙普等於崇德閣精爽飛動儀形儼然昭前烈於先而垂激勸之微意於後豈非帝王之大畧也歟

士風

士當以務學為本學旣有本則行必立德必脩固不欲淪沒終身亦不肯茍求進取其英名大節自足以移風易俗而激揚於後世矣三代風氣淳龐固無可議兩漢尊尚不同亦歸於正溷晉時朝士大夫皆祖黃老金仙之術以淸虛之言相尚以寂滅之教相高風俗於是乎大壞矣唐尚詞藻浮浪不

根五代猶無足取惟有宋隆興士風為之丕變迨胡元入統古今之變極矣尚有足言者耶求士風之盛遠追三代而近陋漢宋者其惟今日乎

奉使

使臣將王命出諭他邦其所任重矣若使非其人必辱君命周禮有象胥行人之職詩有皇華使者之章其所由来者尚矣昔吳遣趙咨入魏文帝曰吳難魏乎對曰帶甲百萬江漢為池何難之有又曰如大夫者幾人對曰聰明特達者八九十人如臣之比車載斗量不可勝數所謂使於四方不辱君命趙咨以之他如使仗節牧羊全璧歸趙不受吳越之貨不下單于之拜之數君子皆可謂之良使矣若屈身以辱國命失

節而春烏可與言使哉

水利

善治天下者必知其本知其本則不勞而治矣何以言之農者生民之本而水利又農之本也水由地中行大而江淮河漢小而溝洫渠澮至於溪谷澗壑莫不有水行焉所以澤閏羣生者在是所以灌漑萬物者在是使黎民飽食暖衣不至於凍餓者皆水之利也秦昭王時李冰為蜀守作離堆捍水以漑田潤澤一方頻年無旱至今蜀人懷之西門豹引漳水作十二渠灌田鄴民受其惠歌而美之可謂賢大夫矣牧民者急水利以養民民豈有不安家樂業者乎

國學

夫學校之設所以養人才而資世用自夏商周三代設為庠序學校以教人學必有師羣天下英才而教之執經問難鉤玄探隱咀英嚼華日復一日殆無虛暇然後培植其德性涵養其氣質人皆有用之良材矣或為宰輔以佐朝廷或為牧岳以安天下或分任州縣以寧兆民何者不由學校中出耶

臺諫

自古設臺諫之官居糾劾之地任言論之職所以正君心陳治道進忠良屏邪慝必致君於無過之地成天下雍熙之化而後已也故立朝則百寮震悚出使則山嶽摇動庶幾能充其職若緘默不言保身固位懼權勢畏貴戚順波逐流與時浮沉上孤朝廷任用之心下負天下蒼生之望所謂飢烏臺

上嘆無聲詎能逃君子之清議耶

聖製

記禮曰王言如絲其出如綸言若絲之有序而不亂矣河出圖伏羲因之以畫八卦于以發天地之至精洛出書大禹因之以敘九疇于以明皇極之大旨萬古尊崇罔敢異議豈非制作之大者乎後世如漢祖登臺以歌大風武帝獲天馬以作樂章唐太宗威鳳之賦宋真宗進士之詩孝宗喜晴之詠不過述一時之興以寓懷耳豈古圖書之謂哉我朝稽古右文若大誥五倫天範聖藻布之天下如雲漢之麗如日星之明傳之永世而與典謨同悠久也猗歟盛哉

隆儒

儒道之在天下如布帛菽粟不可一日而無是故扶綱常明禮義正人心開萬世太平之業舍儒道其何以哉自古聖帝明王隆儒重道稽古右文經筵於是乎講習孔廟於是乎幸文風丕振天下又安良有以也至於三綱淪而禮義廢正道晦明而邪說行固吾儒之不幸實天下之不幸耳儒道與天地相參安可廢邪

中說

中說一書文中子王仲淹之說也其間格言具載而侈大者亦多設教河汾間生徒至衆如房杜王魏爲唐名相建不世出之功皆出其門但無一言及性命道德者豈由師之所傳與仲淹以董常比顔子以夫子自比何其不量己力而僭妄

若此是豈合於中哉盖說名中而未必合中必如子思之言中斯為盡之矣夫中無定體隨時而在如堯舜之揖讓在堯舜時為中湯武時則非中矣湯武之征伐在湯武時為中堯舜時則非中矣區區仲淹烏足以盡之

四時說

一歲有四時一時有三月此天道流行四時定而歲功成也一歲則有春夏秋冬一月則有晦朔弦望一日則有旦暮晝夜春者蠢也物蠢動乃生也萬物萌芽百蟲起蟄天地交感而品物亨通也夏者假也物假大以宣和也草木暢茂陽德方亨日行南陸而大雨時行也秋也者其氣屬金其時寂寥百草由是而變衰百穀於此而收斂氣肅殺而霜露降焉冬

也者萬物之所終也神為玄冥令屬玄英日馳北陸而景短天氣升地氣降此為閉塞之時焉春夏去秋冬來乃一氣之流行而寒暑迭更堯典以閏月定四時成歲非與四時合其序者能之乎

書二十四孝圖後

孝乃自然之良心本然之至善篤於孝者大則可以動天地幽則可以感鬼神聖如大舜賢如閔損雖遭人倫之變不失天理之常漢文湯藥親嘗冠百王之孝曾參嚙指心痛袁一體之分孟宗泣竹而冬生笋王祥卧氷而雙鯉出丁蘭之刻木肖像董永之傭工得繼姜詩之汲江泉湧郭巨之埋子得金田氏之枯荆而復發豈非孝感之大者乎扇枕如黃香懷

橘如陸績不驅蚊如吳猛又皆孩提之孝出於天性之自然也讓肥如張孝得乳如剡子拾椹如蔡順自有感化之誠本乎天機自動也至如王裒楊香老萊子黃山谷朱壽昌庾黔婁唐夫人輩至孝天成名垂汗史夫豈有為而為之者邪蜀人孫仲深氏繪二十四人為一圖好事者珍藏祕密余索而玩之知其有勸世之深意非繪畫無益之圖且仲深筆力精緻可以與李龍眠顧愷之之徒並駕云

惠園睿製文集卷之十

惠園睿製文集卷之十一

讚

孔子讚 二首

巍巍宣聖道妙無窮心同堯舜德配羲農誕敷文教大振儒宗萬古為式百王是崇

元氣萃聚聖智生成天地之度日月之明帝王模範古今準程德尊萬代道著六經

顏子讚

儲精鍾秀明睿英智怒不再遷過不復貳用行舍藏瓢飲簞食其心不違乎三月之仁其禮得聞於四代之治能發先聖之蘊奧能啓後學之蒙蔽雖然未與聖人達之一間其道寔

合而亦不異也

曾子讚

聖門傳道魯以得之用心於內確守不移積久而化密察而知日三省而誠切自治理一貫而契合無疑會先天不言之妙開大學積德之基瞻乎遺像無不敬仰以其教人有大法而垂世有成規也

子思讚

洙泗之教心法根原魚躍深沼鳶戾高天固執無息時中無偏明性命之隱奧闡道統之淵源承唐堯之微旨啓鄒孟之真傳所謂誠明以極致之功其又至於無聲無臭之處而亦更難言也

孟子讚

立言垂法道明才雄善養浩氣天守心胷誠行深詎邪說不容闢異端於戰國之際明孔道於衰世之中論聖神之至妙而不可測言仁義之根本而深有功足以承三聖之統緒而為萬代之儒宗也

壽星讚 二首

五行之精一元之真冬雪髭鬢秋水丰神採瓊芝以適其口茹青泥以養其身夜玩寶章消丹臺之鉛汞晝引白鹿樂紫府之長春噫上為朝廷以祚其聖帝下為邦國以福其斯民是知為南極之星君也

與天地而並立在今古而常明或居乎貝闕或遊乎蓬瀛蟠

桃結實越歲華於幾度芝草呈祥歷世代以長生福澤以之而大錫祿位以之而益增此我南極星之獨世而授人以遐齡者也

觀音讚

普門大士眼觀世音能救諸苦誓願洪深博施妙智之力常運大悲之心或遊於娑婆之世或居於旃檀之林是以神通應變而無不照臨者也

諸葛像讚

隱居隆中人稱卧龍三顧後起兩表盡忠連東吳而定向上之策復南越而成盖世之功伊尹周公是足以爲其配管仲樂毅而不可與知相同誠所謂有仁人君子之心而三代以

眞雄者也

李密像讚

身世雖孤心情至孝叔伯旣無形影相弔有太守舉孝廉之名侍祖母盡供養之道本欲奉親而以此懇切上言辭不就朝而弗能奔馳赴詔雖有僞朝一語之疵其烏鳥私情後之人而亦足以師效也

李太白像讚

元氣所鍾有此豪杰空天下人無可與列論政事嘗坐於玉堂陳諷諫屢登於金闕叱呼于寵貴之間近幸于君王之側不屈已而阿世不順情而赴熱朝綱正欲扶持邊地何爲遠謫往廬山看瀑布之飛泉采石江捉青天之片月文字長留

天地間光燄至今猶不絶

賜尹長史仁器畫像讃

性情寬簡問學疏通為人師知所以教為人臣知所以忠宜乎享榮禄介眉壽而豫章之士咸被其儒風也

賜教授張時啓畫像讃

姿容冲和性識穎敏立心惟中持身益謹麗雲錦而粲然成文貫古今而淵乎有本來仕親藩直諒無隱吾弟獲知孝友之道而早克有成頼爾勸學進言之懇懇也

賜梁兵馬畫像讃

温乎敦厚之質充乎清淳之氣惟恭謹以自持恒謙遜而自勵樂善行義厥志自能安静賙貧恤匱中心常存博施七袠

康強眉壽天賜此蓋享福祉於明時而垂休於後世也

賜百户趙珗畫像讚

容體惟正氣節尤高性度恢廓識鑑孔昭探理學而上希顏孟富辭藻而下逮莊騷文行既脩武勳宜褒壽踰七袠出入四朝我先王愛如席上之珍亦由其平素忠而能誨泰而不驕者也

琴讚

全其天地之正氣者太古之心通乎鬼神之至德者治世之音嗚呼欽哉續王風宣聖化而去其哇淫也

賜石僉事像讚

性純正行廉恪為先覺文簡嚴學該博膺好爵拔俊乂而登

科第際　聖明而承寵渥今則持憲綱以行政教尚期爾賛
化源和鼎實而榮登於黃閣者也

銘

堅白齋銘

粤堅與白惟玉能之形質朴素瑩潔無庛隱然文章潛之於
內確然剛朴示之於外彼人伊何志定心純浩氣充足天理
自存堅乎不磷素而不涅久遠操持君子之德

謙牧齋銘

卦之純真惟謙得全地中有山不恃巍然曰天曰地益焉流
焉曰鬼曰神福祐禍愆人皆好之執守拳拳若能體此可至
聖賢晦德不顯居後不先不矜不伐惟巽惟竣卑而不卑光

明者宣君子有終安安樂天

祭文

祭監察御史陸愈文

維年月日遣左長史蕭用平致祭于故巡按監察御史陸愈之靈曰惟爾夙抱璧經登名天榜職司耳目百僚俯仰奉命西來氣節凌雲提綱振紀激濁揚清方欲盡報 國之精忠成經綸之事業胡為乎一疾弗興而遽亡於烏臺也噫豈人事之未盡而致然邪稟賦有定數而致然邪抑亦造物者嗇爾之壽而不爾豐邪訃音忽聞曷勝驚悼遣官諭祭尚克享之

祭王知府母李氏文

弘治元年八月初三日遣某致祭于　勑封故安人李氏之靈曰出自名門歸于右族柔慈貞靜雍雍穆穆篤生賢子金榜題名兩擢部官黃堂進陞維新德化百廢克興指日遷秩職坦用登能使蜀郡民安物阜而敦禮義之風良由安人教誨有方而致然也加封在邇倏忽辭榮萬里訃聞兒心忡忡遣官賜祭尚克享之

祭歸来先生文

成化二十二年二月初七日遣儀衛副梁棟寛致祭于先師致仕百戶歸来先生趙文晦之靈曰嗚呼先生命世大賢學富才贍人豈能前道德緼奥性命根源闡明斯道深得眞傳心胸瑩潔雲散青天韓柳文辭周程理言筆不容束思若湧

泉擴經授受常在講筵啓我沃我朝夕敷宣奎璧光掩明珠沉淵壽行止此七十五年明當安厝泪雨潛然遣官致祭我心惓惓嗚呼哀哉尚享

跋

跋太白觀泉圖

太白觀泉圖迺孫仲深之所畫徐宗敬書張蛻庵之所題也明皇嘗召太白奏對金鑾親為調羹寵遇至矣至於觀瀑布愛其混混有本而豪蕩飄逸之意可知也非畫無以見太白之表儀非詩無以寫太白之心志非書又無以全其所畫所題之美也可不謂其三絕也耶

跋鮮于樞書諸葛表後

鮮于太常伯機留次無滯迹所書漢丞相諸葛公出師二表真墨筆力遒勁韻度不凡得妙中之妙與趙松雪相伯仲宜其為世所寶余罷朝每每披閱心目豁然但恐其墨渝敝不能久有於天地間因命工勒石以惠來學云時成化十三年五月一日識

集卷之十一

惠園睿製集 十二 終

惠園睿製集卷之十二

擬和唐詩

五言律

早春遊望

玩景賞心久欣欣物色新千山疑是畫萬木盡回春已見冰為水還看風起蘋梅花半開落香氣襲衣巾

遊少林寺

山行洗俗心信步入祇林寶閣經年久重階苔蘚深清泉流石面白鶴卧松陰清興偶然發璧間留短吟

晚至華陰

到縣息機心停車紫栢陰希夷庵尚在老子洞尤深化石仙

居谷禁入神護林華山凝望處紅日已西沉

經廢寶慶寺

乘閒偶獨來古寺殿門開有佛和雲卧無僧帶月回重簷喧鳥雀荒徑積莓苔不聽鐘聲響松風萬壑哀

次北固山下

江上放歸船行當北固前老僧禪寺廢漁叟釣絲懸雲水數千里樓臺幾百年晴明一登覽好景入吟邊

岳陽晚景

岳渚歛烟霏漁人反棹歸波心檣不没沙上鷺常飛樓迥訕采數舟危客過稀襟懷自舒暢凉吹入輕衣

晚發五溪

五溪多瘴烟晚發夜郎天彭水通湖右羅山近楚邊少緜人衣布求食獠鈔田汎汎乘舟去西風錦纜牽

仲夏江陰官舍寄裴明府

遙望路漫漫緘書一問安城孤如斗大海近覺風寒樹影連江浦苔花點石欄致民宣聖化且莫便休官

山行

山路亦嶇崎誰言過客稀峯前觀鳥度岩下見泉飛遠近雲連樹逶迤水拍磯遲遲經數里帶月未旋歸

送陸明府之盱眙

送客到江濱分携欲斷魂帆過淮鎮舘路指曲溪村翠黛橫山閣銀花出海門賢侯官百里為政報君恩

南溪書齋

士靜尚斯文幽齋傍石門窮經臨雪色畫卦見天根花落鶯啼鳥林疎聽嘯猿壽昌山寺側舊有小桃源

泊揚子岸

傍岸且停橈江心一望遙夜邀淮甸月曉看海門潮連渚村村樹吞波處處橋維楊稱重鎮風物十分饒

新秋對月寄樂天

月出火雲收俄驚又到秋一輪分桂影千里逐波流何日能同榻今朝獨倚樓新詩寫情性寄與舊交遊

秋日送客至潛水驛

臨行手重攜送客過茗溪江浦嘔啞棹村居咿喔鷄懦危余

滿樹桒甲翠生哇各自東西去惟聞驛馬嘶

得口觀東房

不第到東房東房豈有雙松陰侵石徑月色透紗窓秀麗山
千仞澄清水一江自歌還自酌盡醉任空釭

北固晚眺

雙眸送夕陽但覺水風涼山勢飛黃鶴江流遶畫橋石頭城
最近京口路猶長武帝登臨後事殊人亦亡

送朱可久歸越中

送君即遠途正值雨晴初杯盡醉瓊液帆開見碧虛東西難
作別情意莫教疎吳越千餘里雙鱗好寄書

新安江行

萬里路迢迢新安且住梢沙鷗灘上立林鳥雪中巢水色淺
深見天光上下交著名有任昉廉潔不須嘲

三月五日泛長沙東湖

溪上草青青春遊見大垌樹頭鳴杜宇水面點蜻蜓烟雨籠
湘竹風波蕩楚萍一艘還一詠景物似蘭亭

送人入蜀

入蜀不須愁行行萬里遊地稱天府國雲護錦宮樓岷嶺山
高聳沱江水遠流趙公心簡易琴鶴鎮西州

七里灘

嚴瀨水清沉山空萬木陰雲連垂釣石風送搗衣砧天子恩
尤重先生意最深君臣同一宿方見舊交心

孤山寺

殿閣倚雲岑招提占水心僧房連樹影佛塔傍松陰有景烟
霞迥無塵徑路深紛紛天下寺獨讓此禪林

惠山寺

蘭若在松坡行人幾度過倚天青嶂近匝地白雲多泉活煮
佳茗庭空生短莎禪堂吟坐久時聽鳥聲和

登蒲磵寺後二巖

仙衆五色羊各自返仙鄉蒲草即堯韭藤根是禹粮飛流岩
下水飄蕩島中香古寺逢僧話方知佛日長

送僧遊南海

路入寶山邊桄榔處處蟬心情渾似水身世好如船毒霧常

昏夜隆冬不雪天雲遊回首日松老寺門前

鄂北李生舍

鄂北有精舍山深窻户虚勞形無案牘快意有琴書鄭府憲嘉果李園分野蔬幽棲塵壒外安分不求餘

塞上

聖代皇威遠胡天賊勢衰草枯無戰馬關險有鐫碑日薄旌旗慘風高皷角悲平沙渺無際忍讀戰塲辭

寄永嘉崔道融

哦詩獨倚樓遠寄舊交遊別去纔三日相思如幾秋衕連仙境靜山近海鄉幽何日重相會開樽為我留

泊靈谿館

晚泊靈谿館行當大固前高低泉迸石上下月隨船蒼嶺兼天聳東湖與水連桃源說劉阮茲事已千年

甘露寺

德裕唐時寺山連北固形兩廊巡日月四壁有丹青縹緲天連水悠揚雲滿汀老僧常不出鎮日坐虛庭

江行

通州蕭水上舟過起咿啞遠浪翻晴雨高楓映晚霞但知漁把釣不見客乘槎隱隱蘆林外村居三兩家

春日野望

春曉出東門林巒霧氣昏依依孤客店靄靄遠人村高日轉山影平原有燒痕雙眸凝望久吟就粲神魂

勝畀寺

上方携客過一徑入烟蘿白日禪房静青松山嶺多眼明天有色心定水無波壁上無塵汚誰書證道歌

静林寺

蕭寺在溪東安王尚有踪老僧時禮佛行者早鳴鐘層塔凌晴漢閑雲傍古松上方塵不到行雨鉢藏龍

秋夜同梁鍠文宴

新秋訪舊知正値鴈来時昨日曾相約今宵不失期翠筠篩月影黄菊傲霜枝一任皆深醉揮毫且和詩

望泰川

一望寛平地巍然見華峯樊川波浩浩灞上樹重重鳳闕明

晴日鑾坡長古松夕陽回首處歸興覺偏濃

池上

侵曉到池亭霜飛木葉零岸邊蒲尚綠水面荇還青衝浪小遊鯉穿林有過螢同遊賓客散我醉復還醒

西陵夜居

漁浦隔沙汀柴門夜不扃無言心自靜開卷眼偏青聲度喬松鶴光生腐草螢森蕭涼氣爽明月滿虛庭

旅遊傷春

客途如轉蓬春季又將終鶯老鄉關外花殘旅店中每思歸故里不得御長風撫景情偏切往來西復東

春山

黑壤山重疊春光二月時客携藜杖去童背錦囊隨原上麋
尋侶林中鳥護兒今朝同賞玩端不負前期

送懷州吳別駕

州佐凝龔黄傳聞姓字香行行馳疋馬去去促輕裝此別途
千里煩傳信數行到官能撫字麥秀見禎祥

高宮谷贈鄭鄴

乘暇來空谷高閑羨隱君容來同醉月春到自耕雲不見紅
塵迹惟看白鶴羣澗前花正發香氣晝氤氲

山中即事

塵不到山扉朝陽又落暉林深幽鳥集地僻好花稀月下松
擎蓋階前蘚護衣故人時下榻談話夜忘歸

題薦福寺衡岳禪師房

僧出未曾還禪林白晝閑當門眠白鹿出户見青山荒蘚連禪榻閑雲護祖關上方天咫尺鐘韻落人間

送史澤之長沙

史侯乘驛騎路入楚天雲把袂忽辭我持盃相送君山從南嶽斷水自洞庭分甲濕長沙地誨音常欲聞

送裴侍御歸上都

侍御歸秦去邊城不動鼙入關通義谷過渭歷漕溪口簡烏紗帽青驄碧玉蹄郵亭今日别惟恨各東西

過蕭關

蕭關經過處萬里客中身紫塞少邊將紅樓多戍人胡雲連

斥候朔漠走風塵儒服偏驚冷誰能相近親

秋夜宿僧院

月朗羣星現逢僧不計歸語多因道舊情好更留衣草木嗟黃落峯巒見翠微今宵同一榻明日又相違

宿宣義池亭

宣義舊池亭池中水荇青波光寒浸月水色冷沉星雨浥紅蕖蕋風吹白鷺翎我心清徹底即此是南溟

送殷堯藩侍御遊山南

驄馬山南去郵亭處處蛩迢遞經道路重疊見山峯心志堅如鐵儀形直似松鷺車千萬里欲往恨無從

題李疑幽居

寂寂幽深地城東一小園高眠依草屋静坐掩柴門鶴影飛松畔泉聲到耳根好懷還自悅不與俗人言

金山寺

佛地淨無塵金山一水分塔尖擎杲日殿角掛晴雲松色四時見潮音半夜聞我心如靖節亦任醉微醺

商山早行

商於道路長為客任他鄉江白天涵水山空月照霜邊城風送角旅舍樹連墻鷄唱馬蹄疾行行過野塘

秋日送方干遊上元

京口入江寧迢遞幾日程舟移天上去人在鏡中行樹擁三巖石雲連五鳳城今秋離別後何日話平生

寄陸睦州

別来歲月深聊寄短長吟孤鴈全無信雙魚亦少音奔馳愁
道路悵望隔雲林欲會不能會相思勞寸心

同崔員外秋直

秋直上鑾坡重門幾度過天連金闕迥月照玉階多楊柳垂
仙苑芙蓉出御河千官同拜舞風静聽鳴珂

送東川李史君

送別暮春天愁懷怯聽鴿古州稱廣漢大驛過通泉雪泛巴
渝水雨滋彭澤田子昂千古後今日見君賢

送楊長史赴果州

蒞政南充郡佳名擬貫之歌謠因布德耕種不違時屢過相

如宅常遊紀信祠吏民皆向化知子有識規

赴京途中遇雪

冲寒馬一鞭萬里去朝天玉屑將埋路瓊花正滿川羣鵝浮遠水孤鴈落平田杳杳村墟外微茫有暮烟

早行

早起傍山行山巔月尚明客途霑露氣野店聽鷄聲老樹孤村近浮雲數里橫五更殘漏滴漸至故鄉城

宿荊溪館呈丘義興

情深思貴游溪館忽相投劒井今時水毗陵舊日州暮烟迷野寺夜月照山樓喜得同言笑何勞事遠遊

漂母墓

東楚一荒丘幾經春復秋羽山當後擁淮水繞前流漂母令人慕王孫動客愁高皇稱大度何是不真遊

湖中閒夜

湖中正閒夜畫舸艤湖濱倒浸天邊月空行鏡裏身君山寒照影湘水傒融春極目平波處應無把釣人

陸渾山莊

幽哉丘壑情萬事不如耕居卷東牛讀携琴領鶴行分甘隨隱逸志不在功名住近伊川宅未能爲友生

新年作

異鄉逢首歲悵望思悽然我客比人久人歸在我先梅殘無臘雪柳發有春烟少達還家信流光又一年

喜鮑禪師自龍山至

龍山離衆日草色翠葱芊掛錫喜同搨煎茶旋汲泉悟空從早歲面壁想多年談說無生理不同文字禪

酬秦系

林壑有遺才經年更不來神交千里夢心意九腸回書寄憑飛鴈詩成托早梅身閑無世慮松竹手親栽

送朱放賊退後歸山陰

賊退山陰去帆飛駕短撓晚過神禹廟早看浙江潮田畝栽禾黍山畦種藥苗故人分手後獨立思寥寥

尋南溪常道人隱居

幽居在遠村杖策破苔痕岩岫青連屋松蘿碧擁門無塵非

市井漱玉有泉源若遇知心友開樽相語言

題元録事所居

收印得閑情林泉自在行護階青草長緣嶺白雲生今日来
僧舍幾時離帝城新安賢録事為官十分清

寄靈一上人

山内絶塵侵禪房倚竹林但知依佛住不論少人尋說法鬼
神聽看經歳月深覓心應不得與汝竟安心

除夜宿石頭驛

夜宿石頭驛燈前影獨親自憐常作客不見舊交人寂寞逢
殘歳飄零老一身今宵孤坐久来日是新春

汝南别董校書

殘蟬偏聒耳正在別離間家遠如何到人忙那得閑去時千里路愁處萬重山策馬西風裏心先返故鄉

江上別張勸

分手在湖濱他鄉幾度春一生常為道終老不憂貧祖帳三杯酒征衫萬斛塵此行何日會知己歎無人

送丘為下第歸江東

落第省雙親歸途正值春青雲嗟志屈白髮為愁新自歎還家客何如折桂人文章空滿卷不得作朝臣

岳州逢司空曙

萍梗偶然會別来經歲餘于今得見面向待遠傳書不獲常相近都因久見疎盡歡傾美醖盤饌有鱸魚

洛陽早春

春到客邊愁年来已倦遊不禁塵撲面又恐雪盈頭款秫偏多夢思家獨倚樓欲歸歸未得目送大江流

送陸羽

入山有何事只為露芽生葉嫩須多採路長寧倦行舌端知味美風外愛香清寂寂無人處惟聞春鳥聲

送喬尊師

飡霞養道心居處洞天深鼎内常燒藥壇中静撫琴身隨朱頂鶴手種紫團參今日分携去相依琪樹陰

客中

自歎鷦無枝風塵上客衣枕孤常有夢家遠不能歸信少鴈

空過眼穿雲亂飛巴陵飄泊處来往故人稀

長安春日

晴和二月晨紫陌起香塵草自飛青鳥水邊多麗人看花因駐馬醉酒爲嬉春處處管絃沸風光盡在秦

題破山寺後禪院

一到破山寺寺藏琪樹林庵空青嶂逈院靜白雲深自許心爲佛誰知佛即心頻伽聲入耳不是世間音

暮過山村

日暮過山村松篁便當隣天涯常作客路遠少逢人萬里徒懷楚孤身還在秦惜無樽酒會惟有鹿麋親

山中道士

仙居在亂峯無事日從容心愛千年鶴身依百尺松悠悠延
晚景黙黙坐高春今日来林下欣然一笑逢

山中贈日南僧

布地有金沙上方天一涯極高瞻寶閣不謝見曇花痛飲淵
明酒平分趙老茶躭躭龍與象都在梵王家

田家

春深帶雨行處處聽鳩聲收豎將牛放農人以鋤耕採桑愁
露重刈麥待天晴犬吠知人到出門懽笑迎

泰原早望

驅馳愧不才為客幾時回遥見思賢苑頻過望鵠臺山花和
雨洛江燕帶泥来春盡長安日幽懷尚未開

雲南館與韓升卿宿別

同宿雲南館交歡酒吸川會來纔一日別去恨多年長夜光無月孤燈爐有烟明朝分手後勿惜尺書傳

酬暢當

當年遊漆沮非是爲贏餘勞我常爲夢因君不寄書心同渾似舊情好莫教踈故友交深處汪汪水澹如

寄友人

才華我不如多恨久離居空有尋常夢全無咫尺書安能同附鳳不得共觀魚急急欲相見御風憑太虛

送喻坦之歸陸州

客郎別心知歸途不得隨幾時重會合從此各分離近岍樹

尤少迎風〻平欵親朋相見日不樂亦何爲

送李給事歸徐州覲省

餞送黄門去寧親着錦衣上京秉寵命故國得榮歸秀麗山經宋迢遥路過沂思家心甚切千里促征騑

送溧水唐明府

賢侯官溧水只穎屢豐年花縣未三考琴堂又兩遷麥生盈上隴稻熟滿平田處處聞賢誦黎民自樂然

送王七録事赴虢州

王君是舊日知今在别離時頻勸杯斟酒那看栁妥絲遇閑尋古跡一到謁叢祠名郡人瞻望休教馬足遲

别鄭礒

南浦忍爲別驪駒怕再聞離杯猶未飲客袂又將分今日傷春草明朝隔暮雲迢遙千里路不得遠隨君

送韓司直

餞別韓司直舟行楚水波匆匆情未盡去去意如何莫使來書少免令成夢多從令相別後那得可人過

途中逢權曙

故友逢淮上迢迢客路長靈帆臨遠水錦纜繫斜陽千里山銜月一天波浸霜同懽那忍別且聽咏滄浪

酬普選二上人

二衲住叢林禪餘閑撫琴悟來知本性入定絶機心雲散秋蟾白天涵溪水深寒山詩句在同和又同吟

送鄭宥入蜀

送君西入蜀去去到華陽分守臨岐路寧親在故鄉山峯堆
雪冷江水接天長至日如相憶頻傳字幾行

杭州郡齋南亭

州治一官微故園猶未歸宦情今日薄音信兩年稀江上潮
初落山頭雲自飛何時賦招隱税駕掛朝衣

日東病僧

離俗脱塵緣身如不繫船氣衰常有病心静尚叅禪几上閑
經卷爐中少篆烟扶行惟用杖不似十年前

送友人下第歸覲

不遂平生志寧親又復歸無才觀上國有淚濕征衣今日未

高舉何時能奮飛到家應省侍萊服舞春暉

南游有感

道路抗浮塵何曾注去輪東西長是客故舊少逢人山外雲迷樹水邊風起蘋幾投南館宿為愛洞庭春

早春寄華下同志

別久憶詩朋雖眠夜必興客儀難得見音信亦何憑春暖花含露風和水不冰停雲陰靄靄離思正因仍

途中別孫璐

相別在途中何時又得逢人情常曲盡客況豈從容天闊山銜月風清夜聽鐘不知明後日經過幾山峯

送王翁信及第歸浙東

餘杭王廣文平步上青雲對策天邊去題名海内間雄才應自負大志許誰分到日休留戀趨朝早事君

春宮怨

寂寞守深宮停針意似慵不能如婕妤何敢望昭容簾外花枝嫩階前蘚暈重夜眠牀褥冷空有繡芙蓉

辭崔尚書

今辭台斗相恩惠憶當年德望人難及才名石可鐫客亭留別酒秋水送歸船此去思顏範瞻之在目前

下方

歸來白髮新高潔遠風塵自到小林日正當桃李晨不干花縣宰寧作草堂人避地逃名姓忘言却近真

華下送文洧

華下送文君論交情最親獨憐青眼少惟恨白頭新馬去難
留客鵑啼正惱人異鄉相憶處無惜寄書頻

遊東林寺

一入東林寺正當天暮時偶隨佳客至似與老僧期貝葉翻
新卷曇花發舊枝禪心眞淡泊光瑩水平池

送僧還南岳

南岳住松棚時聞鐘磬聲早能參祖意便少入王城出世性
常定無言心自清端然常靜坐渾不下階行

送人歸蜀

難盡故交情君從萬里行此時當遠送何日話平生別酒五

七盞離歌三兩聲路過危險處天府是蓉城

經周處士故居

故宅忽經行蕭然遺世情階前多蘚色山下有泉聲近岫雲常出穿籬筍自生隱居今不見悵望想生平

送人歸山

君歸栖隱處樂道已忘貧此去別交友而今少舊人離情憑折柳行色況逢春高卧東山上峯巒可寄身

送人歸宜春

子行歸楚地離思正紛紛立馬難為別啼鴂不忍聞前途幾落日南浦望飛雲今日君辭我明朝我憶君

秋日別王長史

相別在秋天相逢是幾年交情傾薄酒離思寫新篇去馬迎殘照行旌帶野烟匆匆分手後凝望獨淒然

汝濆別業

別業汝陽縣家居近水濆窻前聽鳥韻池上看鵝群對飲有明月可人惟白雲山中甘寂寞閉户不求聞

宣州便院別韋應物

相送宣州院離盃生綠波正當憂道路況復有干戈別恨今朝切交情舊日多君今辭我去獨處奈愁何

送陸潛夫延陵尋友

去訪延陵友何須親裹粮但知情誼好不覺路途長風送鵲聲急花隨馬足香君行當目送獨立對斜陽

夏夜西亭即事

西亭成獨坐夏夜氣清和細細好風至娟娟明月過吟詩常恨少酌酒不須多靜聽山泉響珊然雜珮珂

庭春

春色滿幽庭風光愜官情小車何必出策杖且閑行眼底花爭艷耳中鶯弄聲本心惟道在去就一身輕

新春

硯塵因事少小縣倚山城喜見陽和布慚無德化行日晴啼鳥亂風細落花輕處處黎民樂時聞絃管聲

晚春荅嚴少尹諸公見訪

今日諸公過頻勞御小車情深須下榻意盡始還家有句當

題竹持盃為賞花文章真巨擘落落羨才華

送王正字山寺讀書

王君能進學山寺借僧居潔靜明周易疏通看尚書曇花香馥郁瑞竹影扶疎生意青青草兒童不必鋤

秋日過徐氏園林

秋日過名園微茫隔樹烟藤蘿垂客座楊柳繫漁舡霊運夢池草濂溪愛渚蓮從容行樂處那得世情牽

灞東司馬郊園

司馬郊園內灌畦憑水車新栽彭澤柳欲種召平瓜滿徑生芳草沿階繡野花感君留坐久醉後忘還家

下第寓居崇聖寺

落第鬢將華因愁歲月賒未曾朝帝闕暫且住僧家椽筆空
題柱上林終探花老禪情最好延待有茶瓜

寄山中高逸人

不在城中住相逢亦不常地偏雲抱石塵遠竹圍房寄我新
詩妙留人舊酒香何時能過訪有約在秋涼

廬嶽隱者

廬山高隱者少出掩柴門起坐當天曉吟哦到夕昏野雲從
嶺暗溪水帶泥渾囊括知無欲心探六四爻

寄司空圖

韜光志已成不愧草堂靈留客有佳茗課兒惟舊經花香迷
曲逕雲影落空庭曳杖閑行處看山眼最青

送成州程使君

餞送程侯去之官同慶軍高才當任用清譽遠傳聞獅洞觀秋水鳳山看夏雲黔黎皆向化明斷號神君

漢陽即事

沔陽南楚國千里遠相違烟樹緲征驛風塵上客衣水流江漢合天闊鴈鴻飛赤壁好風景欲遊嗟未歸

酢劉員外見寄

今思別去時折簡寄曹司愧我無新句知君有古詞青雲仍顯達白首嘆棲遲遙憶評詩處眞吾一字師

別至弘上人

學佛尚空虛談禪愛宂居遊方飛錫杖傳法著經書遇冷惟

披衲充飢每拾蔬隨行衣鉢在此外不求餘

送王牧往吉州謁史君叔

草色滿芳洲王生今遠遊西風迎疾馬凉露襲輕裘突兀金山聳潺湲吉水流杜鵑聲愈急行客不堪愁

送章彝下第

未遂展胷襟西歸不趂心帝鄉紅日遠客路白雲深不見鵬摶海惟聞鶴唳林到家能進學志在惜分陰

空寂寺悼元上人

上人今化去寂靜掩空房圖畫惟留影茶毗尚有香自從歸淨土無復步長廊來到忘情處凄然亦可傷

寄曹倚

一別十年餘文詞想未如停雲徒極目過鴈絕無書爾不來題鳳吾常獨看魚睽違千里地其奈久相踈

送金華王明府

人稱明府賢為政自無偏寬惠能宣德清廉不受錢管絃鳴月夜桃李茂春天公暇心閑逸遊行到石泉

和張侍御酬馬尚書

出領須句去思為憲部時正當勤守鎮尚想執攸司長路勞車騎清風動羽旗東西離別久終日費心思

送董卿赴台州

董卿承命去指日是霞城夾道賓朋送臨州父老迎冥冥宫海氣瀝瀝有泉聲政簡民安樂君侯德化行

過香積寺

來到梵王宮盤旋過碧峯景幽無俗客夢醒有晨鐘路滑岡荒蘚風清生古松老禪能說法鉢小解降龍

送友人尉蜀

離别各驚心陽關三疊吟行來曾領鶴坐處自鳴琴路指岷山秀舟移錦水深君心如夜燭無處不光臨

與諸子登峴山

訪古特來尋山名古又今諸公同暢飲獨我得親臨草木連天秀雲霞入目深漢江清可愛幾度濯煩襟

寄刑逸人

晦迹深山裏一身與世違山光當广聳雲影拂簷飛秋到知

梧老春回喜菜肥心閑無一事惟見鶴來歸

吴明徹故壘

望入揚州路便興懷古心壘邊青草合寺上白雲深尚恨車沉水偏驚風撼林一從明徹去遺事播于今

送普門上人

送別普門去還期繼祖燈未能如古佛也要作高僧心静月澄水念消風解氷法門真不二妙處契宗乘

送樊兵曹謁潭州韋大夫

潭州今欲往驛路離咸秦西去爲孤客南行訪故人金牛山色暮青草水痕春一到應傾倒交情愈見親

西郊蘭若

僧住白雲房無塵到上方坐禪心愈靜說法舌尤長月轉藤
蘿影風吹薝蔔香年多知有悟身世兩相忘

送耿處士

為念舊交情郵亭遠送行好山隨驛路去馬促歸程天際觀
雲起林中聽鳥鳴今歸栖隱處從此不求名

晚春送人歸覲

晚春歸覲日到彼笑顏開欲盡欣然樂載歌歸去來雲飛隨
雨過花落帶風回壽域延遲景休令歲月催

龍翔喜胡權訪宿

相遇得交歡茅廬倚石欄笑談知夜永講論正天寒三鼓言
難盡一燈光半殘明朝相別去不計道途難

秋晚郊居

郊居秋色裏草屋近山村綠蘚生花砌清風掩蓽門樹多陰自密月過影無痕幽静塵難入新開種菊園

友人南遊不回

南遊今幾載瑣瑣欲何依異地久爲客他鄉尚不歸絶無家信到空有塞鴻飛目斷瀟湘水功名心漸稀

夜泊淮陰

遠水接雲烟風聲攪客眠汪洋清泗非峭拔羽山前砰磕淮陰廟圖書米芾舡今宵拚一醉重到是何年

秋夜宿淮口

秋夜一燈青江舡且暫停穿窻千里月近楫一天星泛泛鷗

眠渚行行鴈落汀今宵宿淮口何日下南濵

村行

為客喜春晴遊行樂不勝山長連非固水遠接西陵古寺數
聲磬孤舟一點燈往来青草岸隱隱見漁罾

題甘露寺

来遊甘露寺有省為聞鐘無客山中過與僧林下逢青溪消
雪水非固擁晴峰世界無邊際常留聽法龍

秋夜獨坐

新涼夜氣清獨坐到三更風外梧桐落階前蟋蟀鳴鬢衰悲
愈切砧急夢難成起捲湘簾看青天片月生

秋夜泊舟

良宵泛小舟華岸響颼颼光浸三更月凉生八月秋放歌應有樂縱飲又何愁醉整孤蓬臥江心任自流

春日臥病書懷

一春常臥病來往故人稀頗恨久為客因何遽得歸自知今日是已覺昨朝非遙憶故園裏幾番開紫薇

林館避暑

炎炎時盛熱江國泛輕舡水浸氷壺冷荷張翠盖圓波光從浩渺天色入清玄罷扇心殊爽猶勝住石田

栢梯寺懷舊僧

心愛近山居誅茅自結廬游行憑杖屨早晚聽鐘魚福地来人少祇林與世踈尾爐焚栢子林下說金書

早春

經乍常作客旅邸遇春朝鳥語知風煖山明見雪消好花紅
不減細草綠偏饒賴有丹丘客緘書累見招

江行

東吳連楚地浩渺水涵天帆落雲隨鴈篷開月到舡勝遊嘗
此日曾到憶前年移棹中流去漁歌隔渚烟

春日

行樂有遊人群賢自可親天光三丈日草色一籃春酒盡方
為病囊空未是貧三陽回正氣龍躍出雲津

雲居長老

寺在白雲裏來尋有法僧眼明常掣電心静自懷氷打坐朗

絫道談空望續燈一生甘寂寞任爾笑無能

送許棠

離家今幾年為客獨飄然夜館對孤月秋風送小舡一身愁
險阻萬里喜安全來往干戈際何時種秫田

穆陵關北逢人歸漁陽

穆陵相別後此去入桑乾雲水家鄉遠關山風雪寒空踈城
郭異冷落故人殘罷戰漁陽日鄉書不忍看

早春寄朱放

去後逢迎少中年自覺悲雲山因雨秀草木為霜衰憶昔相
資處翻成遠別時久違千里外何日赴前期

陝州河亭陪韋大夫眺別

宦遊過陝津萬物盡皆春野草呈幽色風波蹙細鱗今朝逢故友何日是歸人悵望思鄉國征衫久有塵

巴南舟中

烟靄晚將昏笛聲天外聞推蓬觀去鳥近岸見前村月白江涵影風清浪起痕巴南經一宿無友可同論

宿闗西客舍寄嚴許二山人時天寳高道舉徵

闗西今作客客舍又驚秋笛韻興歸思蛩聲慘別愁吟哦如李杜清潔愛巢由書信聊相寄何年到故丘

夜宿龍吼灘思峨嵋隱者

龍灘今晚泊灘水夜深聞皎潔窻前月悠揚水上雲經年常作客何日得逢君遥憶長吟處襟懷自不群

南亭送鄭侍御還東臺

烏府姓名香推尊侍御郎常時朝北闕今日別南床隱隱鄉關遠悠悠情思長經行山嶽動六月有嚴霜

南溪別業

溪南有幽舍嘉木接平疇酌酒對青嶂吟詩臨碧流好花當曉放香稻待秋收父老頻來往消閒湏舊游

泊舟盱眙

長淮今夜泊潦盡水澄清曲折紆沙岸微茫見戍城啓窗窺月色欹枕怯蛩鳴瀟散江湖上隨流適性情

江南旅情

楚天雲接樹霜後橘垂條嶺外看飛鳥舟中信潮他鄉情

默默故國望遙遙夢裏歸難得風烟隔野橋

冬日野望

野色無邊際晴天烟靄收雲生依石上葉落逐溪流雙目成長盻一身嗟遠遊嚴凝寒氣肅慘慘入覊愁

早行

漏急促行裝風高氣奕涼去遣三日雨歸遇五更霜塞角鳴樓外鄰鷄叫舍傍亂山危處望隱隱似家鄉

送皤公

入山今日去一别幾時來道體如枯木禪心似冷灰乍離情不舍遠望首頻回獨倚孤峯嘯清音徹上台

暮過山寺

蘭若孤峯上纔過暮色分盤旋經鳥道重疊見山雲行者能
延客高僧獨出羣地幽塵不到鐘韻有時聞

懷永樂殷侍御

有懷殷侍御結屋碧山陰鶴唳天風冷魚潛溪水深諫章存
鳳闕詩句在鷄林不得一相會斜陽倚樹吟

韋處士山居

乘閑自詠歸脩竹映幽扉草緑連天長梅黄帶雨肥鹿眠知
地靜山險過人稀不語簷前坐清風透葛衣

瀑布寺貞上人院

老栢咽寒蟬薰爐裊篆烟法空非用説琴古亦無絃雨後龍
歸鉢山前錫卓泉掩關常不出頭白有高年

送龍州樊使君

龍陽何處是疊疊亂山深僻地多名藥高天接茂林薄田難種稻麗水可求金政暇心無事黃堂自在吟

送人尉黔中

邊徼連荊楚之黔路入巴絃歌宜化俗桃李正開花平日山多雨常年地產砂廉能如馬植擢用見才華

道院

沅東官府治道院景幽深堆几書千卷開窻竹一林階前李舞鶴葉底有鳴禽晝靜簾垂地金爐試水沉

終南別業

南山有別墅茅屋近岩陲淡泊自能樂幽深人不知延清留

故址摩詰亦同時得意鳴琴夜月來何待期

晚泊潯陽望香爐峯作

長行汎短篷好景忽然逢纔到九江郡便觀五老峰浩然留麗句慧遠有遺踪雲靄上方近心清每聽鐘

茶人

先春抽瑞草雀舌吐幽姿採摘來深處探尋似有期入山應不俗行路更忘危煎久得真味當時獨自知

尋陸羽不遇

故人今不遇戶外見禾麻盈院有啼鳥滿籬多落花我來當下榻君出未還家悵望空歸去日移山影斜

軍中醉飲寄沈劉八叟

飲餘竹葉清踞石向雲汀酩酊仍還醉沉酣尚未醒百杯思李白數斗憶劉伶懷友頻歌韻奇音入杳冥

題江陵臨沙驛樓

到驛絕無愁江陵倚小樓烟迷七澤觀雲鎖九江秋自信飄零客何妨汗漫遊凭欄詩有景鴈下白蘋洲

送耿山人遊湖南

同去有山僧行遊見採菱楚雲連岳寺湘水下魚罾湖上生春草舡中照夜燈錦囊珠玉滿新句許誰能

宿巴江

巴江喜晴霽照水月如絃湍急聲千里時催景一年下通夔子國南接夜郎天風暖垂楊度今宵且繫舡

送延陵陳法師赴上元

自在鶴遊天心清絶世緣丹砂能換骨火棗足延年采石明秋月方山鎖暮烟步虛聲可聽名籍紫壇前

送從弟歸河朔

河朔亂離後行行從弟歸今朝瞻使節此去拂塵衣寥落荒村遠蕭條老樹稀羯胡無種類靈武喜龍飛

喜晴

天台今始去時節正逢春花乳石涵潤金松葉更新黎民沾德化道路有蹄輪銅虎分符信寸心常拱辰

茅山

句曲造玄門山空霽色分月來松有影風動鶴成羣儀即口

餐玉困常身臥雲丹臺幽絶地一笑見元君

山中流泉

掛壁三千尺誰呼瀑布名涓涓飄練色泛泛作琴聲出地如雷吼盈池似鏡平流行終入海徹底自澄清

冷井

掘地新爲井冷冷湧冷泉影連金索外色映玉𦉅邊湛湛清疑淺澄澄碧更圓四時常不竭不識幾千年

僧舍小池

清光映草根泮渙起微痕湛湛常涵月澄澄有飲猿偷天開宇宙活水見泉源瑩潔明如鏡無風浪不翻

聞笛

爲客多悽惨更聞笳韻哀一聲風外奏三弄塞邊來折柳愁
難遣倚樓顏未開月明那久聽幾處落江梅

感秋林

川園徒極目景物忽然殊木落見峯立葉疎知樹孤天高聞
過鴈林静聽啼烏感嘆清秋景蕭條物漸枯

杏花

紅白吐新梢芳妍麗泬寥鮮鮮然雨夜燦燦笑晴朝日映胭
脂萼風吹翡翠條凭闌閒玩賞艶色最偏饒

孤鴈

天濶哀鳴切飛飛何所之單聲來月下一點度雲遲失侶身
孤立離羣影自隨南翔忘飲啄萬里不須疑

詠雨

細細洒軒楹涼生氣又清空濛飄曠野霡霂入孤城過水都成點逢蕉便作聲興来閑詠處聊且寫幽情

惠園睿製集

七言律詩

同題仙遊觀

天上神仙十二樓日升霞爍彩雲收瓊芝香帶三春雨琪樹凉生九月秋石洞古壇塵未到金庭玉局景偏幽靈區處處皆仙境何必蓬萊訪舊丘

和樂天早春見寄

浩蕩東風淑氣和紅塵紫陌雜笙歌露滋碪砌芝蘭茂雨過園籬笋蕨多晛睆鶯聲啼樹杪瀰漫氷泮湧江波三陽景色年光好未得相從可柰何

和趙相公登鸛雀樓

鸛雀高樓倚碧天登臨趙相樹旌旃危簷磊隗三千尺傑棟崔嵬幾百年拂檻彩雲連曉樹捲簾香稻熟秋田高低景物無邊盡一覽都歸在目前

凌虛臺

登臨悵望首頻回宋武南遊築此臺牛渚三峯從地起巴江一道白天來風悲不見龍輿過雲慘惟看玉殿開慨惜當年行幸處雜花亂落點莓苔

洛陽城

故城寂寞長蓬蒿卜築當時想亦勞浩浩三河行地遠重重百雉拂雲高寒鴉帶日投荒樹孤鷺隨霞落斷壕緱氏山頭車回首仙人曾此醉仙桃

金陵

一曲庭花歌未終百年王業一時空寒雲宿霧迷芳苑老樹荒藤掩故宮龍虎低昂蟠踞地檣帆来往送迎風六朝人物今何在緑水青山似畫中

咸陽城東樓

登高眺遠已無愁烟霧微茫接柳洲靄靄峯陰連紫閣飄飄雲影映朱樓緗簾高捲半空雨彫檻平分萬里秋自説咸陽好風景黄河一派古今流

晚自東郭留一二遊侶

宦途猶自念寒微相見談論對夕暉偶得開懷因共宿正當話舊豈容歸不妨古井重投轄自有清風爲掩扉樽酒相歡

情不盡更殘不寐敘睽違

題飛泉觀宿龍池

泉落龍池池最寬曾聞池内有龍蟠泓澄夜浸蟾光爛清徹朝涵雲影寒雨蘚重重鋪古砌風松瑟瑟響空壇神龍變化仙人去遺跡于今池水乾

咸陽懷古

一入咸陽增感嘆江山幾度廢還興烟迷不見殷湯廟雲鎖那知漢帝陵日暮林中觀過鳥夜深郊外見孤燈英雄已矣成何事目斷青山第一層

黄陵廟

黄陵古廟在江邊来吊湘君思慘然近墓青松常蓊欝映階

碧草自葱芊數行妃淚染湘竹千古帝魂啼蜀鵑回首九嶷
何處是眼看落日下長川

晩歇湘源縣

晩到湘源偶聽鷄蒼梧山聳與雲齊洞前舊有靈龜在春後
惟聞杜宇啼風入長林聲最爽江涵老樹影偏低今宵館舍
生鄉思夜永更殘露氣凄

廢宅

飄零院落已頹垣無主年年常閉門破壁苔荒經歲月空庭
花落幾朝昏凄凉惟聽鳥聲噪冷淡不聞人語喧對此一區
增慨息阿房火後是平原

龍泉寺絕頂

古寺崇高絶點塵登山覽秀在清晨松篁葉潤因多雨桃李花遲未得春香火積年傳福地雷風生物出天均幻身到此清凉境物外逢迎有上人

賀賈至舍人早朝大明宮

龍樓忽報五更籌聖主臨軒着鳳裘萬户盡開青鎖闥千官同對紫宸旒日當玉座祥光動烟靄金爐瑞氣浮近侍天顔知有喜傳宣行過殿西頭

又

萬里天風生曉寒東方曙色五更闌龍墀玉帛朝諸國丹陛鵷班拜百官寶鼎祥烟將欲動金盤瑞露未曾乾君臣喜在風雲會千載誰言際遇難

酬惕當嵩山尋麻道士見寄

謾言樵者爛柯碁欲得相從是幾時島外無人山寂寂壺中有境日遲遲隨行惟伴青田鶴清嘯常攀玉樹枝若問黃庭經內事玄關須訪鍊丹師

吳中别嚴士元

水繞姑蘇是舊城青青柳色雨初晴中流隱約見帆影千里咿啞聞櫓聲交托數年常會面睽離兩地總關情一樽酒盡匆匆去自此應多别思生

送王李二少府貶潭峽

匆匆别思正紛如去國何時定卜居峽到黃牛堪艤棹峯回白鴈可傳書前途縱有風霜苦諸子休教禮義踈此去異鄉

當順命慨然何用更躊躇

西塞山懷古

金陵舊是帝王州前古英雄盡此收萬里山川歸白下六朝郡邑在吳頭鳳皇臺上雲常在朱雀橋邊水自流竚立西風懷往事滿林橘柚正當秋

早春五門西望

百辟朝回玉殿西綠楊風暖颺金堤退看立仗瑤階馬已聽司晨紫陌鷄御水柜通銀漢遠鳳樓直與碧雲齊長安回首應惆悵草色青青露氣凄

錦瑟

伏羲舊製在朱絃古瑟傳流不計年風外遺音來舞鳳春回

悲思叶啼鵑凄清山度洞庭月斷續聲穿湘水烟每憶訴歸
曾點趣杏壇何處此悽然

江亭春霽

萬頃長江接野田風吹急浪水花鮮遙看檻外飛胡蝶頻聽
山中叫杜鵑嫋嫋綠楊迎曉日茸茸碧草帶春烟遊魚來往
波心躍荇藻參差翠帶連

送人之嶺南

道路崎嶇赴廣州五千里外盛年遊海邊常見來飛翠潭上
誰云有鬬牛五嶺纔過炎熱地雙溪又到寂寥秋還歸故里
還須早莫向殊鄉久滯留

九日登仙臺呈劉明府

九日登臨百尺臺長空萬里白雲開遙觀向北駝峯立俯瞰從南晉水來翼翼征鴻銜雨疾翩翩飛鶴帶風回賞延好景情難盡獨對黃花舉數杯

叢臺

邯鄲城內首頻回趙國靈王有此臺兀兀削山從地起滔滔漳水拍天來雲烟黯淡無時見花卉芬芳幾度開玉輦當時經過處荒涼惟見積蒼苔

寒食

爲客驚心二月中長途身世似飛蓬生寒凜凜逢飄雨催冷沓沓有疾風郊外杏桃花艷冶村前楡柳葉葱朧異鄉久住多歸思春色盈盈馬首東

隋宮

寂寂隋宮掩淡霞廣陵故郡是皇家再無鳳輦臨淮上豈有龍舟到海涯滿地蘼蕪飛曉蝶一川榆柳集昏鴉瓊樓玉殿無縱跡惟有東風掃落花

馬嵬

西行萬騎過秦州宛轉娥眉一旦休玄禮只因能正諫國忠可信少良籌千年有恨留天地七夕何曾會女牛妖血流紅黃壤在依依楊柳鎖春愁

籌筆驛

忠義嘗聞兩上書驛中尚有舊儲胥永安付託曾承詔綿谷籌謀此駐車漢祚潛移無可柰將星忽殞更何如老天若有

興劉意滅魏吞吳有志餘

聞歌

月夜何人爲作歌韻隨梁棟更嵬峨數聲漏子情難盡千古明妃恨轉多陳左清音人不及龜年餘調孰能過沉香亭畔霓裳曲滿目胡塵可奈何

茂陵

茂陵風力撼松梢石獸纍纍臥北郊馳道不來乘玉輅閟宮無復樹雲翹帶烟山色濃還淡隔葉鶯聲滑更嬌首蓿近肥天馬少滿林梧竹冷蕭蕭

早秋京口旅泊

日茂長江艤小舟汪洋萬頃碧波流蓬窻皎皎三更月蘆岸

蕭蕭一片秋自見青山存踞虎誰從銀漢問牽牛天雄地險稱形勝雲合雲開萬古愁

晩次鄂州

黃昏舟艤武昌城一日孤舟路幾程鸚鵡洲邊寒鴈下鳳凰山上晩雲生江涵樹影襟期爽水合天光眼界明旅夜蕭條人寂靜漁歌忽聽兩三聲

赴武陵寒食次松滋渡

節在清明一日前松滋渡口暫維舡漢宮謾道新傳燭介嶺還思舊禁烟元稹遺風經幾載屈原忠義播千年洞庭南望雲連水再和豪吟太白篇

鄂州寓巖澗宂

青蒼繞屋有喬松為客經過見隱蹤寂寂地幽吟鳳竹颼颼風動舞槐龍我來今日未相遇君去何時得再逢夜永蕭條頻想憶不眠獨聽五更鐘

九日齊山登高

秋風吹送鴈南飛高聳齊山寸碧微時遇三秋因自嘆客逢九日不能歸銜杯痛飲開深量採菊長歌對落暉席地遲遲閒坐久不知清露濕人衣

贈王尊師

逍遙羽客出人寰多在林泉海島間服氣常居玄默境驂鸞曾過武夷山白雲繚繞隨舒卷黃鶴蹁躚共往還獨守丹爐無底事要將仙藥駐紅顏

贈王山人

常見青山入夢頻清泉白石隱山人麋鹿隨處堪為友芋栗收来未當貧獨坐寬舒心坦坦燕居蕭散體中申客来相訪留同飲爛醉杯中竹葉春

湘中送友人

南望湘江曉帶煙蘆花兩岸接平田今朝共飲一樽酒明日惟乘萬里舡月映江天光不斷雲迷浦樹影相連湖中分手生離恨要得相逢又一年

元達上人種藥

每因護藥自編籬名品新栽一兩畦九月霜凝金菊瘦三更露綴玉芝低親培異種常滋雨手植靈苗任帶泥春有杏花

秋有橘生榮前後不能齊

黃鶴樓

仙人騎鶴昔曾遊山畔因留百尺樓倚檻仰觀雲靄靄凭欄下瞰水悠悠烟光隱現黃蘆岸草色微茫白鷺洲北望家鄉在何處冷風疎雨不堪愁

自蘇臺至望亭驛人家盡空

浩渺吳江風起蘋村居空盡欲沾巾客途只見多飛鳥驛路堪憐少有人芳草蒙茸生故宅野花零落過殘春蘇臺淒慘回頭望兵後猶餘一騎塵

與僧話舊

與師同話極精微心事相同理不違法正直教岩虎伏呪餘

能使鉢龍歸階前古樹延僧臘席上孫枝受祖衣茶罷東西
分手去出門惟見白雲飛

長洲懷古

寂寞吳宮今已灰惟餘麋鹿走荒臺水流橋下宜清淺鳥度
山顛自去来勝敗徧傷前日事興亡徒使後人哀姑蘇一望
英雄盡只見郊園花亂開

煬帝行宮

龍車昔日此經過星殞江都事若何開導河渠千里遠接連
舡艦萬艘多靜觀自汴滔滔水都是亡隋浩浩波當日管絃
遊樂處惟聞燕語及鶯歌

經故丁補闕郊居

補闕忠貞德自全任生操守節尤堅疎篁滿徑長留月老樹昂霄不計年原上惟存銘墓石溪邊不見載書舡一經居第添惆悵默默無言仰碧天

贈蕭兵曹

一別何曾問起居論文未得補遺餘仰覲天外無鴻鴈俯視江心少鯉魚楚澤風生波瀲灩瀟湘雨過竹扶疎寄來佳句時披閱燦爛騈奇錦不如

酬張芬赦後見貽

九重今降紫泥書彩鳳朝啣下玉除萬姓溥沾天德厚千官伊戴聖恩餘一時渙汗承殊渥四海逋逃返故居忽寄新詩頻展玩才疎欲和不能如

答賓拾遺臥病見寄

病裏栖遲老歲華眼昏春慕有空花力衰難作追風驃氣弱渾如蜕殼蛇醫士來言飡枸杞仙翁相為服丹砂獨眠白晝南窓下何日扶笻到故家

寄樂天

平生自惜甞吟身心事紛紛難重陳半世幸逢知己者好懷都付託交人離羣累恨更殘歲會面應期在早春目斷魂銷情最切緘詩遠寄助如神

秋居病中

多病經旬守寂寥靜中日影上松梢檢方直欲吾心喜食藥終將世事抛強力尚能行竹徑氣衰猶自緝書巢正當晝短

夜長景況復秋霜殞草茅

送崔約下第歸揚州

一朝失意出春闈行李蕭蕭送客稀黄甲無名應暫屈青雲失路不如歸高枝想是桂難折垂翅何如鵬倦飛此去再加勤苦學他年還補袞龍衣

旅館書懷

旅館淒凉草滯烟旅懷日日在愁邊雲遮豈得見家國雨過方知淌稻田老樹枝頭飛倦鳥古槐葉底噪寒蟬孤燈壞壁生鄉思蔌蔌秋風獨慘然

潁州客舍

離家長在客途遊偶遇詩朋共唱酬切切蛩聲鳴耳畔紛紛

鄉念在心頭林松暢茂依青嶺岸樹蕭疏映碧流目斷故園歸未得閑吟獨倚仲宣樓

春日長安即事

閑行適意玩芳來萬紫千紅次第開花底尋香蝴蝶化枝頭啼血杜鵑哀彩樓何處桃為粥紫陌人家火尚灰惆悵春光將欲暮異鄉為客只思回

江際

長江萬里接風烟一望微茫水拍天皎皎鏡光清極矣沉沉黛色自淵然渚邊忽見往來鷺樹外時聽斷續蟬乘興賦詩歸去晚東生新月照前川

中年

萬事從来只奉天立身端謹保天年常行坦坦平平地要識生生化化權皆說桑麻為舊業誰知經史是良田閑中有客来相訪共酌香醪句好聯

秋日東郊作

郊園雨過初晴霽閑看松篁孰為栽正喜良朋携酒至更宜故友抱琴来烟收青嶂纔方見菊向秋風獨自開回首夕陽且吟咏舒懐縱意任徘徊

過秉如禪師謫居士嵩丘蘭若

天竺西来好弟兄時行時止兩忘情禪心有定青山色法語無邊綠水聲縷縷藤蘿當户密重重臺殿與雲平楞嚴讀罷山房靜且向禪林寄此生

送友人遊江南

別路烟籠柳色新餘杭遊覽已知津乘舟遠遠因為客過嶺重重為訪人碧水浮光天目曉紅花競秀武林春南方若遇歸鴻便煩寄音書北去秦

送別友人

此去覲尋五色芝入山正是早春時離杯留戀情難捨別語丁寧去故遲路上蒙茸芳草色堤邊裊娜緑楊枝飄搖行旆成長往切切思君知不知

嶺南道中

路指崖州烟霧迷地連南海過端溪人行直恐蛇藏草客去惟憐馬帶泥雪少不聞冬日犬日高少听午時鷄忽然驚起

思家念鳥在桄榔葉底啼

病起

春去秋来病患深不知天氣幾晴陰常須飲藥扶羸體只恐勞神怕苦吟眼見梅花今結實手栽桃樹已成林故人意厚頻相問不厭村居累過尋

送李録事赴饒州

落花紅雜雨紛紛一曲離歌不忍聞南浦水深傷碧草中天鵬健上青雲滔滔彭蠡波光瀲隱隱餘干樹色分若到饒陽訪民瘼心存清白獨推君

清明與友人游玉塘莊

清明遊賞約諸郎遠近踈林漏日光新柳烟籠舒翠色好花

風送散春杳青山瀝瀝飛孤鳥綠水溶溶瀰小塘景物繁華三月節吟餘不覺又斜暘

宿淮浦寄司空曙

幾年不見不勝憂淮浦睽離不共遊萬里秦川勞望眼一江楚水暫維舟月沉潭影清無底嵐擁山光翠欲流緬想故人增別思忽聞新鴈過南樓

尋郭道士不遇

門外閑雲盡日封來尋羽客又難逢洞中惟有書堆几壇畔惟聞鶴唳松寂寂空階苔欲合潺潺流水碓仍舂我來要問丹砂訣何處逍遥未得從

早秋寄題天竺靈隱寺

大開竺隱幾千秋門對寒流荻葦洲百尺靈臺堪望海萬年古洞可呼猴層層突兀雲連塔皎皎高明月滿樓遙想錢塘風景好懸帆何日得追遊

題宣城開元寺水閣

閣連碧水水連空水合天光一色同畫棟倒涵清淺際丹楹冷浸有無中朦朧淡影松蘿月馥郁幽香薝蔔風常見招提隨處建誰言佛法有西東

長安秋夕

秦天雲斂火星流始見梧桐一葉秋罷翦涼風生北苑捲簾明月到西樓筆端速速詩乘興杯内汪汪酒破愁自嘆渭南今作尉一身萬里破官囚

宿山寺

遠山嵐氣帶烟微薄暮叢林過客稀錫杖當空隨鶴下鉢盂注水有龍歸樹頭殘葉飄零盡嶺上閒雲自在飛夜宿禪房心寂靜與僧談久冷侵衣

題永城驛

近年世事與心違同學惟應有故知掉鞅棘圍懷去日泛舟江水是歸時名花滿地因思汴弱柳沿堤却憶隋驛壁留題當奮志他年振筆再驅詞

慈恩偶題

佛法無邊是上乘我來聽法百無能談空廣席常分坐開講高臺快一登林下固非青眼客山中喜遇白頭僧禪關念慮

消磨盡寂寂禪心冷似氷

都城蕭員外寄海棠花

行臺衆相擁貂蟬共說花中却有仙唐室無情惟杜老宋時有句讓蘇仙緘書不及千行字寓目爭誇五色牋絳萼紅腮眞可愛何時得共酒杯傳

陳琳墓

司空富學善為文千載猶存道上墳何事愈風能動操直因草檄獨推君路碑零落迷青草石獸荒凉卧白雲自說功名心已倦無從宣武帥三軍

鸚鵡洲眺望

洲邊一望水雲開鸚鵡名存尚可哀不說斗筲黃祖惡只憐

錦綉禰衡才自從搏擊飛鵰過豈有和鳴采鳳来今日登臨情抑鬱夕陽影裏首頻回

繡嶺宮

山城老樹晝陰陰古殿宏高盡飾金顯慶建修非有意開元遊幸亦何心踈葯斜倚宮墻近密草平鋪輦路深目極陝州雲霧歛高標寸碧見遥岑

春山道中寄孟侍御

行李蕭蕭數日程東風疋馬向南行欣欣佳木不知數泛泛流泉未識名何待子規催客去每聽布谷勸人耕山中忽憶朝中相何日一樽相對傾

早春歸盩厔寄耿漳李端

鼇屋歸時霽色分忽思耿李久離羣草生村落千家井竹護林丘數尺墳入耳頻聞山外鳥凝眸只有馬頭雲近来未審平安否為寫新詩付墨君

松滋渡望峽中

江陵雪後見瓊梅峽水遥從天上来道路崎嶇雙目遠功名冷落寸心灰遥遥舟自雲濤出隱隱帆隨柳岸回千古襄王今不見彩雲深處有陽臺

春日閒坐

春煖融和二月晴欲拖竹杖倦於行幽禽樹外常呼噪歸鴈雲邊是路程日轉庭花摶密影風生墻竹有寒聲深沉院落無人到偶詠新詩喜速成

晏安寺

今日追遊到上方樓臺突兀傍山陽幾年禪伯雙眸碧八十經僧兩鬢蒼詹葡香清依淨土薜蘿影淡護幽房林疎葉脫鳥巢露風雨秋深易慘傷

館娃宮

宮娃香骨已成灰舊館空門倚断崖白粉塗廊無響屧黃金蝕土有遺釵荒臺鹿走悲風動小徑花殘宿霧埋只為艷傾吳國盡令人千古一興懷

方干隱居

吾伊常聽讀書聲竹屋無人風露清直與漁樵延歲序何須文字占時名秋光冷淡如人意山色尋常不世情獨坐一方

磐石上遠觀嶺外白雲生

酬李端病中見寄

招提日永樹陰陰不意匡床卧病深又見蓮生當夏沼豈知花落過春林久無書札勞君念忽寄詩章快我心平復有期身體健不妨日日鎮相尋

贈道士

一身天地在懸壺自喜仙家只種榆騎鶴常時遊紫府驂鸞幾度謁清都烟霞深護談玄室松竹低蔽煉藥爐心地湛然常寂静誰知有有本無無

送客之湖南

杯不别酒爲君傾把袂匆匆不盡情嶽擁翠屏山有色湖開

王鏡水無聲異鄉定有經年別今日新從萬里行一覽三湘曾次闊孤帆遠影落江城

送劉谷

荒村雨過喜新晴旋旆遥隨白鳥輕行色匆忙連水色歌聲互答雜車聲去時賸有交朋餞到日應多稚子迎想在前途翹首處亭亭落日照孤城

江上逢王將軍

道途仗劒遇王郎嘗謁精忠報上皇金甲夜披沙塞雪錦袍春惹御爐香陣雲慣見心猶壯戰馬能馳鬢欲霜赳赳雄才推將畧擬將功業繼汾陽

和皮日休酬茅山廣文

率性治心得正陽參玄默坐太虛堂吞霞服日形骸徤啖栢
飡松齒頰香終日煉丹燒古鼎常年養氣卧方床冥冥窈窈
非常道靜夜登壇禮玉皇

蒲津河亭

蒲津澈底水偏澄亭下無風浪不興夏后向南猶有墓文王
依北尚存陵興來舟楫應須泛醉後闌干亦可凭身在異鄉
延歲月旅懷切切不能勝

酧慈恩文郁上人

打破玄關心更清叢林幽靜傍山城睡餘窓下焚香坐閒向
松間領鶴行老樹凋零霜氣肅小池澄澈鏡光平紅塵不到
清涼境只在禪門過一生

江亭秋霽

萬木凋零葉半疎孤飛雲外鴈緜餘江〻雨後晴光薄墟樹風生涼氣初清淺溪流堪洗硯虛明窓户可觀書凭闌閒看枯荷影水面雙雙有躍魚

漢南春望

方春遠望一登臺駕幸西川不見回心緒思君渾欲結眉頭憂國未能開要除悖亂黄巢賊須仗英雄克用材待得漢南平定後辭官謝事賦歸來

感懷

草木凋零亦可悲籬邊黄菊對伊誰枝頭嘒嘒蟬聲咽空外飛飛鴈影遲感物歐陽曾有賦傷秋宋玉善為詞時光蕭瑟

多心緒一枕南窓夢覺時

輞川積雨

長空雲黯晝遲遲父老村村喜播菑林外喧呼多革鳥枝頭睍睆有黃鸝幽窓閑處烹新茗小圃行時采嫩葵甜靜悠然忘世事寸心明白了無疑

石門春暮

石門花落覺春殘遙見輕鷗下急湍樹色青蒼天色麗鷄聲咿喔雨聲闌數行籀篆閑時寫一卷羲經靜處看春服有如曾點樂放懷吟入舞雩壇

春夕旅懷

春夜沉沉動旅情青紅花柳在春城寸心擾攘難成夢兩耳

分明只數更在客關河常有隔歸家羽翼不能生紛紛人世真堪咲蝸角多因微利爭

長陵

周勃忠勤只事劉長陵陪葬有公侯龜龍剝落存殘碣狐兔循環走古丘宰木孰容樵亂採愚民果盜土盈杯緬懷高帝多功業千古興亡一轉頭

咸陽

太一山連井幹樓舉頭一望使人愁華陰東接潼關險盩厔南通渭水流可嘆嬴秦成帝業尚令徐福作仙遊武王建國曾居鎬千載黎民獨念周

過九原飲馬泉

九原徑路接風烟遥見清冷有異泉映地千尋舒白練隔林
道掛青天消消素影長虹外籟籟寒聲疋馬前有本有源
流不竭潺湲澄澈幾經年

欲到西陵寄王行周

與卿久別慕清標一望西陵去路遥墻尾飄飄飛盡鷁波心
蕩蕩泛蘭橈崇高山頂存三竺浩渺湖邊有六橋到日正當
秋八月倚闌同看海門潮

流竹

翠竹繁多且剪除月来便覺影蕭疎刪来老幹宜為簡截得
高枝可釣魚幽色始知三徑爽清陰偏稱六窓虛賓朋聯得
新詩句嫩玉青青正可書

惜花

好花開徧欲空林三月韶華春已深漠漠紅銷風亂落飄飄粉墜雨頻淋凋零淡蕚驚人眼狼籍踈枝惱客心斜日半沉明月上轉階便覺有濃陰

崔少府池塘鷺鷥

屬玉雙雙向小池風標玉立羽毛垂白蘆叢裏應難見紅蓼灘頭尚易知潔素霜翎隨鶩處孤高鈌疋羨魚時詩人得爾添吟咏少府林塘也自宜

鸂鶒

羽毛五色不能齊紫赤斕斑類雉雞楚岸風和因共語湘江雨霽自多嗁蒼梧嶺畔春雲暮苦竹叢中夜月低暖戲晴飛

來又去盡林深處夕陽西

緋桃

緋桃爛熳孰為鄰幾樹芳姿向早春爍爍蒸霞堆錦繡夭夭疊暈照衣巾朝雲映處方生臉暮雨過時欲動唇不是武陵溪水口桃源謾說種桃人

牡丹

奇品繁開異衆花東風獨殿色偏奢擅心傾吐絃歌陣金盞數榮富貴家膩體羡膚含曉露酡顏紅頰笑晴霞天香一種真堪羨幾度凭欄賞物華

春光明麗豈無因嫩綠嬌紅疋媚春國色兩滋招賞客天香風送襲遊人錦裳艷冶堪留種金縷芬芳不染塵池館繁開

三月暮姚黄曾伴百年身

梅花

一樹寒梅近水濵霜葩開處亞枝繁溪邊玉蕋如含笑墻外瓊姿似欲言風散幽香浮淨几月移清影照芳樽花間吟咏偏奇絶玩賞不知天又昏

惠園睿製集

惠園睿製集

絶句

華清宮

江南數日計行程蜀枝樓前露氣清花下明皇遊幸處至今疑聽有車聲

宮詞

洪敞仙宮在九重床屏爛錦隱芙蓉衮衣輕襲天香動遥見金車曉御龍

吳姬

常侍君王舊有名曾瞻御座近承明于今紈扇深藏篋奪熱凉飈一夜生

歸鴈

旅鴈今春向北回衡陽江上水如苔稻粱熟處知還戀八月
秋風却又来

逢賈島

生生紫葉帶黄花繞得逢君日又斜二月風光晴霽後無邊
詩景在僧家

江南春

江南一月百花紅草木敷榮帶煖風十里珠簾捲香霧人家
都在管絃中

送李浦之京

故居平昔在秦西長路崎嶇望欲迷煩為傳書與吾弟傷懷

不忍聽猖啼

題崔處士林亭

面面窓開山作鄰景遊地僻遠紅塵孤吟獨酌懷難放徧倚闌干待可人

楓橋夜泊

楓橋繫纜水連天月入蓬窓照客眠霜壓碧波風正冷隔江遥見釣漁舡

贈殷亮

養性山林作道流無塵心地玉壺秋忽然得此玄微理對客難言只點頭

湘南即事

秋到湘南草木衰瑞雲影裏是京師洞庭萬頃天光碧正值風高水溢時

送齊山人

来兎人間白髮公飄然来往疾如風于今又復還山去高卧梅花紙帳中

送元史君自楚移越

移宅溪行到若耶数椽茅屋始為家冷中早得春消息冒雪梅開三兩花

竹枝詞

楚竹扶疎一望低数聲帶雨鷓鴣啼東歸有客悲歌去蕩漾扁舟入小溪

香山舘聽子規

孤舘春闌客過稀聞鵑清涙濕征衣聲聲如訴胸中恨来往
春林不住飛

長慶春

村村花柳帶春烟為客長途又一年除却閑愁須是酒青天
白日枕書眠

宮詞

在宮豈敢負才名幾度瑤階獨自行花落月明長夜靜風吹
何處紫鸞笙

宮詞

重幃寂寂列金屏光度樓頭幾點螢坐久不眠知夜永但觀

銀漢會雙星

城西訪友人別墅

路出城西日未斜乘閑今到故人家論心久坐茅簷下桃李正開紅白花

貴池縣亭子

貴池池上有亭臺一道西江曉霧開雪浪平時風力定揺揺惟見畫舡来

送隱者

秋風兩袖正飄蕭歸隱從今不造朝林坐雲眠塵世遠山中景色自寬饒

送宋處士歸山

碧山歸隱可棲遲喜有經霜菊数枝客到茶餘無外事閒消歲月一枰棊

秋思

葉落風髙八月秋江山遥憶昔曾遊于今朋舊皆分散不覺年来雪滿頭

黄陵廟

碧色連天湘水春斑斑竹上泪痕新空碑屹立空亭下古廟幽沉少見人

贈彈箏人

金殿當時識上皇審音聽曲有諸王玉纖銀甲輕彈處水咽雲寒柱鴈行

韋曲

當年韋曲集英才正恐花時風雨摧二月餘寒晴雪後先春留得一枝梅

曲江春望

宜春苑囿帶晴霞漢帝來遊玩物華紅紫千叢如錦綉東風二月好名花

鄴宮

季倫女騎有千人鄴郡宮花色自春蜂戀蝶飛今異昔櫻桃樹下欲沾巾

關鄉卜居

當年侍御在彤闈請老于今喜便歸髙隱林泉還自樂綉衣

脫去着荷衣

尤溪道中

步入尤溪小徑斜青青溪上柳藏鴉荒凉村舍無人住處處春風亂落花

丹陽送韋參軍

浪平京口泛輕舟兩岸蘆花八月秋今日别離情不盡明朝相憶思悠悠

寒食

疾風冷雨放桐花掠地銜泥燕子斜鑽取春陽榆柳火新烟便見起鄰家

上陽宮

東都故地黍離離宮殿荒凉事可疑翠輦金輿無復見鳳凰
不到碧梧枝
贈楊鍊師
身在山中卧白雲石床竹簟漾波紋交梨火棗尋常用保養
玄元黃老君
和孫明府懷舊山
求靜投閑憶故山勞勞久在市鄽間浮雲富貴無心戀還向
林泉看白鷳
贈日東鑒禪師
遠離倭國渡江潮日月横擔杖一條影不出山心已定山居
今日任寥寥

旅懷

澄靜秋空宿霧收客窻對月易生愁家山萬里無書信心緒
千端恐白頭

寄別朱拾遺

拾遺承命上神京欲餞離杯愧不能病臥空齋情惓戀舟行
想已過江陵

題張道士山居

自入山中便作家年來頂上聚三花雲林高臥石為枕洞府
朝元帔疊霞

寄李澂

春風花發映山紅省悟因聞古寺鐘少室山中幽隱處想君

定在最高峰

南莊春晩

遠水微茫可泛舟短篘来往幾經丘日斜醉酒林花下消盡胸中萬斛愁

長溪秋思

滔滔碧水向東流萬里天涯不盡頭邊鴈一聲霜信早白沙紅樹使人愁

隋宮

垂柳寒鴉落日斜行宮遺跡接平沙于今唯見蘼蕪草知是隋朝舊帝家

綺岫宮

垣頹壁壞殿階空武帝名留綺岫宮錦瑟玉杯歌舞盡離離
禾黍吟秋風

送三藏歸西域

歸旋樂國路何難入鉢尋常解呪龍分手天西今別去何時
再聽講時鍾

長信秋詞

曙色蒼蒼殿已開一心覬望且徘徊到秋紈扇深藏篋自此
龍車更不來

吳城覽古

姑蘇臺上草連空百尺高樓返照紅椒壁香消吳國盡館娃
不見舊時宮

江南意

女伴相隨共薦蘋無言有念可通神情懷凄切因無信惟有清江月近人

閑情

天涯萬里路難迷頻見林中倦鳥飛最喜韶光正明媚落花如雨點春衣

曲江春草

曲江江上草含烟冉冉青袍翠色連滋茂如茵深匝地偏宜送上酒餘眠

山路見花

淺白深紅雨浥新繁階正喜得先春寒香冷艷誰相問只恐

紛紛委路塵

逢入京使

前途遠見水漫漫泥濺霜蹄雨未乾北去煩君傳信息月餘
想必到長安

送客之上黨

去去紫騮行且斷路之上黨過鉅鞮河東風景閑吟日帶露
青葱草色齊

病中遣妓

清歌妙舞在樽前染病于今旦晝眠錦瑟銀箏渾不用任教
他處度青年

華清宮

長安故國萬人家桃李宜春處處花地煖泉温生意早時當三月已嘗瓜

宣州開元寺

禪房幽静與雲棲出寺鐘聲遠漸低天濶玉蟾明上界雪消春水滿前溪

山行

崆峒一徑入雲斜半掩柴門四五家馬度深林風浩蕩滿衣金粉落松花

寄山僧

身上何曾掛一絲一心只共白雲期年來静定沉潭月能使循還十二時

寄人

別離兩地總懸情樽酒何時話此生敧枕不眠時展轉聽殘玉漏到天明

過南鄰花園

南園行到舊鄰家暫與銜杯玩物華九十春光容易過春風滿地有殘花

宮詞

一身年久在長門曾記當時受主恩忽見穿簾雙燕子頡頏也解度晨昏

漢江

沔水微茫白鷺飛春風江上拂輕衣屈原既放江潭去一曲

蒼浪竟不歸

寄維陽故人

楊柳微茫碧玉條維陽春盡水遙遙江鄉常憶同遊處曾艤扁舟傍畫橋

送友人之上都

河亭送别柳依稀此去都城幾日歸出類賢才承詔起鵾鵬萬里入雲飛

山中

流水潺潺遶碧溪蕭條茅屋傍岩西日高睡起無餘事唯聽深林鳥自啼

酬曹侍御

滔滔逝水向東流幾欲相尋泛小舟世事怱忙途路遠笑談會恨無由

宿武關

萬里山川事勝遊一鞭行色過商州武關寓宿啼猿夜自信平生不解愁

題開聖寺

遶寺青山翠色濃山僧禮佛曉鳴鐘金沙布地紅塵遠千頃烟雲萬樹松

宿杭州虛白堂

夜宿餘杭舊築堂舊題石刻蘚苔蒼子瞻居易今何在詩律名高歲月長

晴景

天晴富貴好年華桃李東風二月花萬紫千紅如錦繡無邊
清興在詩家

社日

宰割分來社肉肥枌榆樹色映柴扉歡欣到處鳴田鼓斗暮
人人盡醉歸

自河西歸山

老得歸山路不危從容去去任行遲獨乘款段如舡穩何必
雲間借鶴騎

野塘

爲愛陂塘去又來天光一片鏡中開芙蕖出水清香遠花外

來涼醉玉杯

喜皇甫侍御至

豸冠喜見舊交人下榻論文不厭貧別去懸知相會少茅廬詎念百年身

送魏十六

送行江浦忍違君三疊陽關不願聞今日郵亭頻勸酒明朝便隔萬重雲

送王永

相送王君事遠遊搖搖畫舫向東流觀奇覽勝須回早莫使星星雪點頭

酬楊八副使赴湖南見寄

志存經略有奇材蒙寄佳音至楚臺木榻久懸情切切不知
旌旆幾時来

逢鄭三遊山

春山二月草蒙葺徧歷巉岩第幾重今日逢君情最好盤桓
歌咲撫孤松

重贈商玲瓏兼寄樂天

玲瓏在越善歌辭今日歸旋托寄詩兩地空勞遠相憶不知
會合是何時

採松花

山畔雲封竹下庖松花可服不須敎夜来因使仙童採脚踏
高枝覆鳥巢

哀孟寂

筆底文章似湧泉題名鴈塔正青年下今玉樹風摧折彷彿
儀形在目前

患眼

一身至寶在雙睛豈料如雲翳忽生涵養自家元氣足清光
依舊復離明

感春

異鄉自惜倦遊身三月途中正遇春紅白花開風雨裏欲為
同賞是何人

西歸出斜谷

西歸道路過褒斜谷口雲林十數家疋馬行遲鄉思遠淺紅

櫻粟正開花

宿嘉陵

嘉陵寓宿又驚秋明月當空照客愁今夜思鄉不能寐此身疑在仲宣樓

醉後題僧院

心地昭明一鑑空禪房今日見支公詩成醉寫長廊下鼻觀香通薝蔔風

經汾陽舊宅

擁兵滅寇定關河戰伐能平瀚海波位重功高家世遠汾陽舊宅子孫多

十日菊

九日纔過花豈知東籬開放兩三枝今朝昨日差多少未信黃金色便衰

老圃堂

蔬園不遠築茅廬沃壤開畦帶雨鋤春韭秋菘無外事心閑還看聖賢書

偶興

曲江袖手十餘春抖擻紛紛馬足塵莫道老年還不第清流人作濁流人

悼亡妓

芳魂忽爾返重泉丹臉青娥惜妙年月下花前歌舞地玉纖不復理朱絃

送元一使安西

紛紛風颸客途塵嫩桃名花天氣新今日安西親出使離亭雲集送行人

二月晦日贈劉評事

金蘭氣味喜相親莫謂浮名絆此身今夕笑談渾不寐落花流水值殘春

武昌阻風

武昌波浪阻歸舟歷地浮天萬里流纜繫綠楊帆不掛買魚沽酒共消愁

己亥歲

欲取長安遂早圖窮兵不得使民蘇若將禮義為干櫓不致

蒼生骨盡枯

伏翼西洞送人

谷口緋桃花亂開從今一別幾年回長寧風景依然在自是
漁人不再來

題明惠上人房

老禪心定白蓮花可笑人心亂似麻虛室淡然無外物一瓶
一鉢一袈裟

寄許鍊師

丹砂換骨上騰空午夜常朝紫極宮一鶴翩翩身自在珮環
聲度月明中

秋思

八月秋高生怒風遠山一望碧重重洛陽城外行人便煩為
緘書寄一封

懷吳中馮秀才

西風落木正蕭蕭我欲從之道路遙記得持盃分手處青青
柳色鎖江橋

念昔遊

宣州曾過梵王宮殿閣時聞鈴鐸風為愛禪房塵不到虛明
窗戶薜蘿中

寄友

雪霽梅花正發時悠悠千里故人思不能與子同歡飲但見
春風颺酒旗

經賈島墓

路經古墓夕陽斜不見先生起嘆嗟林鳥無聲山寂寂東風消地落殘花

修史亭

孤亭屹立倚高天人去亭空不記年方外今無修史事但看野菊綴金錢

答韋丹

莫謂浮生亂若雲雲林老得一閑身功名到手當知止好為來尋物外人

九日憶山東兄弟

久客山東逢九日為憐同氣不相親思鄉獨酌黄花酒誰問

思家憔悴人

葉道士山房

山中茅屋水邊橋明月清風品洞簫深閉玄關塵不到松聲
寒激海門潮

宿昭應

當時漢武到仙壇仙仗隨行擁百官今夜偶来昭應宿蒼蒼
樹色夜生寒

江村即事

生涯一箇釣魚舡醉後舡頭自在眠秋到放歌紅蓼岸春来
散步綠楊邊

宮人斜

清肌艷骨作香泥寂寂空山鳥自啼翠輦金閨曾受寵芳魂今日失依棲

過春秋峽

斷崖雨過翠屏新潑日參天萬樹春觸石怒濤聲洶湧帆檣來往有歸人

初入諫司喜家室至

德行貞純擬孟光歡娛豈有淚淋浪今朝相會情如海免使傳書託鴈行

寄襄陽章孝標

京西從事歷三邊既見邊戎飲馬泉今日歸來北山下日高丈五正清眠

舊宮人

宮娥老去豈知悲頭帶春花一兩枝月下燈前形影瘦受恩渾不似前時

小樓

樓外高山日送青窗開坐對白雲屏林中今日方休暇閑看義文一卷經

宮詞

禁苑殘花亂落紅御河盡逐水流東繁開堪玩還堪惜無奈飄零昨夜風

祗役遇風謝湘中春色

湘江鴨綠水紋新湘竹斑斑湘水春二月融和晴色淺短檣

雙燕語留人

過勤政樓

勤政年来事已殊千官宴集舊樓無天長令節誰人慶故地
青青草色鋪

送客

遠客今從故國回去帆東過濯纓臺到家自有好懷抱吟對
山窓雪後梅

靈巖

吴王故國靈巖寺来往行人車馬稀滿地松陰門自掩老僧
日暮未曾歸

柳枝

兩浥柔絲繞渭城青青色映亞夫營江頭裊娜春風軟且折長條贈遠行

自遣

遊絲一縷裊晴空糾結紛紜颺晚風漠漠望中縈不斷若無機杼有髯翁

華陽巾

華陽道士有高名頭戴蓮巾駕鶴鴒雅稱仙家好風度任他兩鬢各星星

秋色

林影烟光晝未消高山疊疊水迢迢水紋染綠山圍翠吊古令人憶晉朝

酧李穆

别來數月思無涯阻隔關河道路賒南望桐廬不相見新詩蒙寄到山家

休日訪人不遇

勞勞今喜得閑閑不遇良朋𨚫又還松院鳥啼門獨閉白雲漠漠鎖青山

湘江夜泛

月照江心宛似弓小舟輕泛碧波中湘潭好景無窮盡浪靜惟聞一笛風

贈侯山人

山中高隱不求聞大節清風獨讓君右史左圖甘淡薄臣林

占斷一溪雲

寫情

年來情思更悠悠轉首人間萬事休月色虛明雲影薄傷懐獨自倚高樓

竹枝詞

水竹青青烟霧消高歌一曲泛輕橈白鷗幾點驚飛去晚逐長風過斷橋

聽舊宮人穆氏歌

誰復題紅出御河輕敲檀板善清歌于今不在深閨内冷雨凄風恨轉多

訪隱者不遇

許由巢父可同流莫道功名不見收今日訪君君不在桐梧影薄一窻秋

重過文上人院

超遙身世若雲鴻別久令人憶徹公乘暇重來舊方丈降龍伏虎聽談空

題鶴林寺

心空性静出人間孤寺深居在碧山飢食困眠随所寓淡然贏得一生閒

宫詞

片片飛花逐水流春光減去使人愁長門寂寞宫車遠昨日朱顔今白頭

將赴吴興登樂遊原

年來自歎不多能談笑閒邊獨有僧春到西京遊賞地傍花

随柳入丘陵

鄭瓘協律

一旦何期遇鄭虔同游今得與同舡圖書樽酒歡娛處來往

江湖樂盛年

贈魏三十七

氷壺瑩澈絶纖瑕胷內詩書富五車來歲青雲期獨步慈恩

得意折名花

湘妃廟

黄陵古廟在湘湖淚染斑斑竹未枯遠望微茫秋水色幾行

鴻鴈落菰蒲

秋日過員太祝林

郊外凉生一雨餘乘閒方得到村居猗猗綠竹圍窻户排架牙籤蹟有書

長安作

曙色蒼凉天欲明一鞭萬里向東行道途落落相知少誰為天庭達姓名

奉成園聞笛

春草蒙茸宛似茵奉成園圃不生塵笛聲入耳偏凄切遊宴于今少故人

冬夜寓懷寄王翰林

昨夜霜風脆柳枝緬懐學士獨吟詩長卿已去留書在盡説
炎劉封禪時

焚書坑

秦無禮義國空虛坑殺儒賢棄廣居七廟一墮天下笑亡家
端不在詩書

赤壁

水激雷霆怒不消奸雄豈許立于朝敗亡果中孫周計將畧
相資有兩喬

秦淮

淮水澄鮮見玉沙東西兩岸有人家祖龍凝絶今何在時見
天風蹙浪花

漢宮

青鳥頻勞去復回只緣漢武有高臺瑤池千歲蟠桃熟阿母曾將薦壽杯

賈生

賈生未得作朝臣只為才高出等倫宣室受釐因詔見不論治道却論神

集靈臺

韓虢秦姨俱受恩乘驄每日入金門黃衣為御承殊渥素面來朝天下尊

遊嘉陵後溪

溪徑行來有屐踪溪頭小憩對高春風生耳畔心情悅流水

淙淙吼玉龍

山店

蕭條客店在山村伊喔鷄聲半夜聞孤枕夢回家萬里鄉情暗鎖隔溪雲

韋處士郊居

郊外寂無車馬喧山巔百尺有飛泉一庭野色添詩思晚樹秋雲帶暝烟

江南

人家多傍水雲居水净雲開鴈到初佳麗亭中得佳句有唐杜牧手親書

旅夕

三年旅泊久離家月照踈林噪亂鴉長夜迢迢渾不寐金虫
挑盡落燈花

金陵晚望

王符分閫是金陵淮海潮来自有聲虎踞龍蟠佳麗地雄哉
形勝盡難成

春

東風和煖是春朝問柳尋花去路迢芳草池塘鳧鶩喜差差
水綠凍全消

過鄭山人所居

疋馬行過獨樂園此間不是武陵源楊花榆莢東風軟窓下
觀書懶出門

寒食汜上

河北花開三月春春遊去去我車巾禁烟今日逢寒食綉陌
應多拜掃人

與從弟同下第出関

風塵滚滚滿衣裳未遂功名翰墨場下第寧親途路遠何時
雙鳳起朝陽

宿石邑

高山嵂兀與天齊翠黛含烟草樹迷萬壑千峯觀不盡迢迢
徑路失東西

贈張千牛

執刀宿衛在官家出陛流金舊駿騧錦瑟銀箏歌舞處滿斟

美醞賞春花

旅望

鳳閣龍樓是京師正當二月鶯花時黃河萬里来天上一断客懷欲語誰

滁州西澗

磵西春到白蘋生磵上呦呦野鹿鳴微茫遠水無人渡盡日孤舟水面横

酬張継

懐友晴登北固山微茫雲樹隔鄉関欲託雙魚寄書信東流逝水幾時還

河邉枯木

枝葉凋殘尚有根根頭生性半留存日炙雨淋今幾載皮面斑斑長鮮痕

柳州二月

身在龍城獨慘悽桄榔榆葉晚烟迷花飛二月春欲去一聲山鳥隔林啼

贈楊鍊師

玄微一卷黃庭經琅琅〻〻誦令人聽養就還丹羽翰徒要使白日升青冥

題齊安城樓

忽听樓頭過鴈聲隨風幾點落沙汀爲愛黃岡有脩竹政餘吟玩坐雲亭

營州歌

天驕遊獵在郊野冒雪出入柳城下縱飲狂歌毡帳中挽弓長跨如龍馬

山家

城西別墅堪遊涉山翁留我傾竹葉蔬園雨過花正開風細低飛兩蝴蝶

夏晝偶作

暑月炎蒸如困酒日午乘凉啓窓牖知是鄰家搗藥忙玉韵悠揚鳴杵臼

步虛詞

山中莫道無相識白鹿青羊三兩隻松窓雨過晚凉生白點

幾文符時易

君山

舟中喜遇湘中老君山春到多青草長笛一聲酒數盃醉来
不計衡陽道

繡嶺宮

繡嶺宮前楊柳緑含情猶念人如玉梨園弟子𢧐野狐傳得
當時舊鈴曲

憲園睿製集卷之十二終

辛酉後七月朔旦
蜀王台右長史臣璟於講殿
東楹諭之曰嗚呼肆我
愚考先王稽古右文游心大
道固嘗錄其手書命爾等
視草裒彙成帙矣爾尚序
諸編末璟聞

命惶惕再拜稽首乃言曰
王之文以典雅溫潤為工
王之詩以平淡冲和為貴故
典謨垂自唐虞而千古循
其轍雅頌作於成周而後
世宗其風殆寒之衣飢之
食渡河之舟楫伐木者之

斧斤匠氏之規矩準繩良
醫師之參苓歸朮斷斷乎
有不可缺者爲蓋文莫古
於唐虞其文仁義道德之
文也自秦漢而下氣熖寖
衰韓柳雖獨步於唐已不
能超賈馬尚唐虞之足追

詩莫盛於成周其詩人情物理之詩也自漢晋而降流風漸遠李杜雖拔萃於唐巳不能越蘇李奚成周之可挽嗚呼今不逮古作者難其人信矣

先王文思優長詩才醞藉日

偕輔弼疑丞暨善鳴佳士
周旋容與於廣厦細旃之
下迊相可否更為倡酬雖
溽暑嚴冬未嘗少輟是故
以典雅温潤為宗師故其
文漸熟平淡冲和為指歸
故其詩日妙其雍雍

清廟之瑤琴朱瑟乎其堂堂

郊祀之大羹玄酒乎其英英

禁苑之春妍夏媚超羣而奪

色者乎惜造物者縱厥才

弗侈厥壽春秋甫三十有

六即巳不諱不然殆由唐

入漢浸淫乎唐虞三代矣

原稿後缺